西南大学历史地理研究所 编

中国人文田野

第十一辑

巴蜀书社

编 委 会

目录

田 野 学 术 考 察

从云中到朔方：内蒙古史地考察纪行

鲁西奇

鲁西奇，复旦大学历史学院教授，北京大学人文社会科学研究院访问学者。

2018年10月24—30日，我参加北京大学人文社会科学研究院组织的内蒙古史地考察，有机会与邢义田、李零、李孝聪、罗丰等先生一起行走，并向他们请教，收获甚多。根据考察期间的日志，我整理成下面的文字，作为这一次学习的总结。

一、和林格尔

（一）东汉护乌桓校尉壁画墓

最初知道"和林格尔"，是搜集、整理汉代城市资料时，注意到和林格尔汉墓壁画中的城池图。1976年出版的《和林格尔汉墓》介绍了壁画中的武城图、宁城图以及庄园图等，我在研究古代汉水流域的城市形态与空间结构时，曾将其作为参照。所以，知道这次内蒙古考察的第一个点就是和林格尔，我非常高兴。

盛乐博物馆按照原汉墓的1.5倍做了仿建，绘制了精美的壁画，比原来公布的壁画漂亮多了。这座汉墓其实并不在盛乐镇，而在和林格尔县城东南四十公里处的新店子，在红河（浑河）河谷，位于红河的北岸。在汉代，墓志所在的地方，应当属于武成县。现在建在盛乐博物馆外面的墓地，并不是在原址建的（盛乐镇，在汉代是成乐县）。据说，原墓已经封闭了。

和林格尔汉墓的外景（盛乐博物馆，图中部是红河，墓在河北岸高地上。邢义田摄）

墓门东向，略偏北，墓室由墓道、墓门、甬道，前、中、后三室及三个耳室构成。墓底铺砖部分砖上正面印有"富乐未央，子孙益昌"字样。

和林格尔东汉墓（仿建）前室（任超摄）

前室地面所铺墓砖（任超摄）

汉墓所出的方砖（盛乐博物馆藏。鲁西奇摄）

　　前室的四壁上半部绘有出行图。邢义田先生提示，顺序应当是从西壁始，然后是南壁，然后是东壁，然后是北壁（逆时针方向）。邢先生说，这是墓主简历的连环画。

　　墓主人的经历是：举孝廉，任为郎，任西河长史（治在离石城），行上郡属国都尉（治土军城），任繁阳县令，护乌桓校尉（治在宁城）。

出行图（正面为西壁。任超摄）

　　（1）西壁榜题：举孝廉时，郎，西河长史。

　　"举孝廉时"，主人身着黑衣，乘轺车，后随大车一乘，骑五人，身佩弓箭，跟随在主车两侧与后面。

　　"郎"，被选为郎官。图中绘轺车七辆，主车在中间，题"郎"字，两旁有佩弓箭的从骑护卫。

　　"西河长史"，西河郡的长史。长史，是掌兵马的武职官员，俸禄六百石（郡守为二千石）。

西河郡治离石县。在图中画着众多从骑簇拥着主车，后边尾随着侍从。在行列队伍中，有的列队行进，有的边走边猎。

出行图西壁（邢义田摄）

从左至右：举孝廉时，郎，西河长史（邢义田摄）

（2）南壁榜题：行上郡属国都尉时。

主人的辎车在中间，前后各有一车。主车后上方题"行上郡属国都尉时"。前列甲士手持红缨启戟，后列武士手持弯弓和长戟。主车两侧及后面有身着裤褶的武官和顶盔贯甲的武士。

行上郡属国都尉时（邢义田摄）

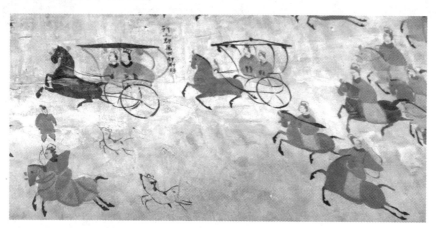

出行图南壁局部1（邢义田摄）

出行图南壁局部2（邢义田摄）

上郡属国置于汉武帝时，是为安置降附的匈奴部众，其地位与郡相等，长官是都尉，所领主要是边境地带的诸种胡夷。"行"是代理的意思。墓主人之前所任的西河长史为六百石官，而属国都尉秩比二千石。他的资格远远不够，故以低品级官员身份代理。上郡属国都尉原治龟兹县（今陕西榆林西北），东汉时已移治土军城。

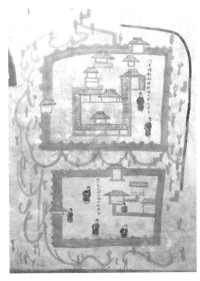 

土军城与离石城（邢义田摄）　　　　　　　　　　上郡属国都尉西河长史吏兵皆食大仓（鲁西奇摄）

（3）东壁榜题：繁阳令。

前面两翼有佩弓执刀的骑吏，中为导车三辆，其后是主车，车后上方榜题"繁阳令"三字。主车后有辎车、斧车相行。

繁阳令秩千石。繁阳县属魏郡，在今河南内黄县东北楚旺镇。

繁阳令（邢义田摄）

出行图东壁局部

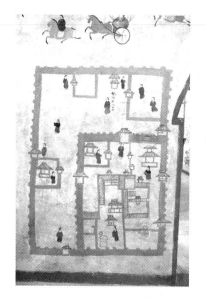

繁阳县城官寺（邢义田摄）

繁阳县吏人马皆食大仓，繁阳县仓（邢义田摄）

（4）北壁榜题：功曹从事，别驾从事，使持节护乌桓校尉。

这幅图中绘有128人，马129匹，车11辆。主人乘坐的车在图的中部偏左，前方榜题"使持节护乌桓校尉"。主车之前，有导车，以及"功曹从事""别驾从事"乘坐的轺车，两翼为骑马的"雁门长史""校尉行部"等文武官吏和兵卒。

从右至左：功曹从事，别驾从事，使持节护乌桓校尉（邢义田摄）

出行图北壁局部

围绕着主车，有抱鞭的骑吏跟随，又有佩弓执矛的甲士和红衣骑吏护卫。

主车后，尾随着钲车、鼓车、辇车和斧车。车后簇拥着武官甲士。另有风候、羽葆随风招展。

使持节护乌桓校尉（邢义田摄）

主人坐的车，由三匹黑马驾着，车后插着赤节。

护乌桓校尉置于东汉建武二十六年（50），治于上谷郡宁城，在今河北省张家口市万全区。

宁城图（邢义田摄）

图中榜题有：宁城东门，宁县寺门，宁市中，宁城
南门、西门，营门，莫府南门，司马舍、营曹，仓、库、
厩、东府门、齐室、天官门。

城为两重，子城为官府所在。外城为方形，城墙宽
厚，周围画作曲齿形以示城堞。宁城南门外，有武官甲士
守卫。有一些身着赭服的胡人从城南门外进入城内。门前
竖有一鼓，两旁棨戟林立，有执彗、佩剑、执盾的门吏守
卫。子城有东门、南门、西门三个门。宁城寺门，当是宁
城县衙的门。在县衙门和幕府之前，绘有一个四合大院，
中间榜题"宁市中"。

护乌桓校尉幕府，位于城内西北部，几乎占据了整个
子城。

护乌桓校尉莫府谷仓（邢义田摄）

幕府东门（邢义田摄）

壁画的最后一个环节，当然是主人之死。后室西壁的正面，主人端坐着，两侧各有一人，在向他辞别。两个亭子里，一着红衣，一着黑衣，也许意味着阴阳世界的不同吧。在这壁面的右边（后室北壁），画着一株桂树，下面是两座阁楼。桂树下立着两个人，这是榜题中的"立官"吗？原报告说：在西壁正面的墓主人旁边，是有榜题的，应当是墓主人的名字，可惜漫漶了。

后室北壁的立官桂树

后室西壁壁画（邢义田摄）

东汉护乌桓校尉壁画墓非常有名，研究的论著也出了很多，我没有来得及阅读。这次随同各位老师一起看画，学习到很多。我所着意的，有三个方面：一是墓主人的经历。墓地所在，显然就是墓主人生前的居地。后室南壁绘有"武成图"，榜题上有"武成寺门""武成长舍""尉舍""长史舍"。他当然就是这个武成的人。他从这里举了孝廉，选作郎官，然后走上了仕途。他所做的官，除了繁阳令外，西河长史、行上郡属国都尉、护乌桓校尉，辖区都在农牧交错地带。这样的一个人，留下了这座用图画表示的人生，是非常有意思的。二是壁画重点描述的，墓主人任职的几处城垣与衙署。对此，前人已有较好的讨论，但仍然有很大的讨论空间。关于护乌桓校尉府的设置、属吏与职掌，其实还有很多未明之处。三是壁画所反映的农牧交错地带的经济、社会与文化。关于经济的部分，前人有些讨论。

此外，壁画上还有一幅有名的牧羊图。另有一幅图的下部有七头牛，骑马的两个吏不是放牛人，而是跟从中间那辆轺车的。

牛群（鲁西奇摄）　　　　牧羊人、牧羊犬与羊（邢义田摄）

很少有人关注这些壁画上反映的人群与社会。有幅画在中室甬道的北侧，其下半部分很值得注意。右侧穿着黑、红、褐色衣服的人，都拿着东西，在向主人进奉。左侧的黑衣人，应当是主人的属吏，他们在接受礼物，然后收在柜子里。穿着不同衣服的人，应当是代表着不同的人群。主人威严地坐在中间，代表着权力。

中室通道北侧壁画（任超摄）

中室通道北侧壁画局部（任超摄）

　　图中，主人坐在中间，右边前方两位正在稽首的黑衣人，显然是客人，他们的衣着颜色与其他人不同，也应当是胡人。

护乌桓校尉（邢义田摄）

（二）盛乐古城

在盛乐博物馆的西面，就是著名的盛乐古城遗址。显然，博物馆以及仿建的东汉乌桓校尉墓都是依托古城遗址而建的。这个地方原来叫作土城子，旁边的一个村子现在仍然叫作土城子。显然，土城子是当地人的称谓，反映了这个城址的面貌——它是一座土垣围绕着的城；而盛乐古城则是文物考古工作者通过官方渠道给予的命名，试图说明其历史文化属性。古城的两个称谓，是一个饶有趣味的话题。

土城子周边地图

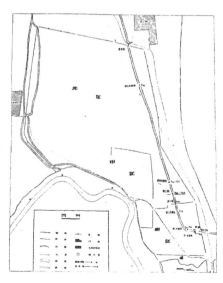

土城子古城平面图

这座城址经过两次试掘。一次是在1960年春，为了配合水利建设，对古城东部边缘做了一次试掘。当时的试掘报告称：古城东西长1550米，南北长2250米；西南部受河水侵蚀，破坏严重；南区为汉魏早期文化范围，东西残长670米，南北长655米；北区大部分为北朝晚期和隋唐以后的文化堆积，城垣亦为此时期者。城中区有"皇城"，东城外有明代建筑的烽火台，保存较为完好[①]。

第二次试掘是在1997年，报告发表于2006年。报告说：

土城子古城遗址平面呈不规则长方形，东西1450米，南北2290米，面积约4平方公里。墙体保存基本上完好，城垣残高0.5至10米不等，东北西三面居中设有城门，外置瓮城。古城分南区、北区、中区三部分。南区包括南墙、东墙南段与连接南北两区之间的一条横墙，南北长550米，东西长520米，系战国至魏晋时期的遗存；北区包括有东墙、北墙、西墙、西南墙，城西南角被宝贝河冲毁，中部东西长1450米，南北1740米，系唐代的文化遗存；中区位于南区的西北部，现存有东墙和北墙、南墙的东段，城西南角亦被宝贝河冲毁，南北长730米，东西长450米。中区是文化堆积最深的部分，最深处可达10余米，文化内涵亦较为复杂，含战国、汉、魏晋、唐、辽金元等多个时期的文化遗存[②]。

土城子古城遗址（盛乐博物馆展示的航拍图）

盛乐古城航拍图（任超摄）

这个城的历史，可以上溯到战国时期。在第一次报告中，提到一个印有戳记的陶片，上面写着"王竹余"三字。郭永秉先生考证是典型的战国字体。但报告没有提供更为具体的信息。

在盛乐博物馆中，存有一些盛乐古城或附近古墓葬中所出的文物。

印有戳记的陶片（拓片）

① 内蒙古自治区文物工作队：《和林格尔县土城子试掘记要》，《文物》1961年第9期。
② 内蒙古文物考古研究所：《和林格尔县土城子古城考古发掘主要收获》，《内蒙古文物考古》2006年第1期。

田野学术考察

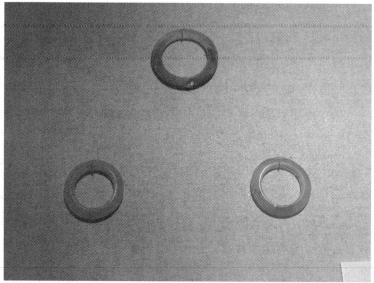

彩绘陶鼎（战国，盛乐古城出土，盛乐博　　盛乐古城所出的玉环，时代断为战国（盛乐博物馆藏。邢义田摄）
物馆藏。邢义田摄）

　　有一个瓦当非常漂亮。瓦当中间有两只猴子的图案，这是一种样式，还是可以说明战国时代和林格尔地区有猴子生存呢？在这个瓦当上，还有山羊和鸟的图案。值得注意的是，瓦当上的图像是对称的。

战国瓦当（盛乐古城出土，盛乐博物馆藏。　　车马饰（战国，盛乐古城出土，盛乐博物馆藏。邢义田摄）
邢义田摄）

　　浏览盛乐博物馆，可以发现，从战国始迄于两汉，在这一地区，农耕因素持续增加，到汉代达到了一个高峰。这从一些出土的文物里可以见出。

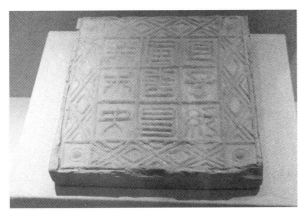

方砖（汉代，盛乐古城出土，盛乐博物馆藏。邢义田摄）

陶壶（汉代，盛乐古城出土，盛乐博物馆藏。邢义田摄）

魏晋时期，草原的因素似乎又占据了主导地位。

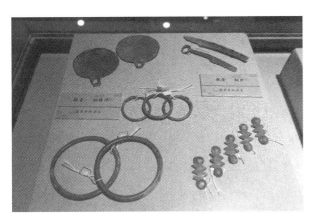

铜饰件（魏晋，盛乐古城出土，盛乐博物馆藏。邢义田摄）

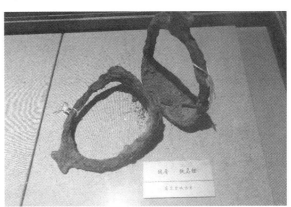

铁马镫（魏晋，盛乐古城出土，盛乐博物馆藏。邢义田摄）

唐刘君墓志（唐，盛乐古城出土，盛乐博物馆藏。邢义田摄）

　　根据陈永志先生的报告，刘公墓志出土于盛乐古城Ⅱ M242中，是一座双人合葬墓。志盖篆书"刘君墓志"四字。志文录如下：

唐故守左金吾卫大将军、试太常卿刘公墓志铭，并序/
夫以松生岱岳，翠影干云，水自崑墟，洪波沃日。灵长者，其流不竭；德厚者，/
其胤必昌。谁其与焉？公得之矣。公讳如元，其先彭城人也。源发陶唐，派分炎/
汉，金柯玉叶，继位□家。逢帝□王四百年，拜相封侯一千祀。海内著姓，/
其何尚之！代载简书，各而详志。周隋之际，从豪杰于山东，遂为邢州平乡/
人也。五代祖曾任边将，因家朔陲，今为振武人也。父曰仁勖，有唐高士，闲/
开育德，在陆而沉，束帛蒲车，累征不起。公则征君之子也。幼好文华，长闲/
剑术。感激投笔，从事嫖姚。守必全城，战无强敌。表章擢荐，礼命优崇，授游/
击将军，旋守右金吾卫大将军，试太常卿。公苦时俗之浇讹，忿笙簧之缕斐，/
行高名屈，称疾退归。呜呼！宣□可以言命，川流莫制，风树难停。贞元十四/
年闰五月六日□于单于六奇坊之私第，春秋七十五。识与不识，闻之泫然。/
夫人清河张氏，礼乐之门，公侯之族，竹□伴贞，贯秋霜而不改；珪璋/
是德，睦内外而逾温。抚孤幼以□息，示夜阐之轨范。兰蘩赍蘀，桂实/
锁芳。元和九年十一月十二日终于私第，享龄七十九。福善之理，何其/
昧欤？嗣子岸，前十将、太中大夫、太仆少卿。雅有父风，早膺时誉，/
辞职就养，辕门嘉之。孙曰奠，积庆之后，生于名家，自叶流，根必复。其/
始以逾月庚申，葬于军东南四里之平原，夫人附焉。□家有无，志存乎礼，/
即先人茔窆，不忘乎孝。公器宇流和，风仪奕峻，言非道而不出，事非/
义而不行。照□连城，遽归窀窆。今子岸以为至贞者石，不朽者文，纪德/
幽泉，以示终古。词曰：滔滔大河，日夜东注。水阔成川，/
人嗟代故。松悲夕烟，草泣朝露。千秋万古，刘公之墓。

　　墓志铭中的振武，当即振武军。"单于六奇坊"，当即单于都护府城的六奇坊。《旧唐书·地理志》："单于都护府。秦汉时云中郡城也。唐龙朔三年，置云中都护府。麟德元年，改为单于大都护府。东南至朔州三百五十七里。振武军在城内置。天宝，户二千一百，口一万三千。在京师东北二千三百五十里，去东都二千里。金河，与府同置。"则单于都护府领有金河县。据《旧唐书》卷九《玄宗纪下》天宝四载冬十月，"于单于都护府置金河县，安北都护府置阴山县"，则金河县与单于都护府置于天宝四载。单于都护府城内的振武军不知置于何时，《旧唐书》卷十二《德宗纪上》记大历十四年十一月壬午，"以鄜州刺史张光晟单于振武军使、东中二受降城绥银鄜胜等军州留后"，则知其时已置有振武军在单于城中。而刘氏居于边陲已有数世，故其籍当属于金河县。

　　根据这方墓志，可知今盛乐古城在唐中后期即为单于都护府城，亦即振武军城（墓在城东南）。而府城（军城）中有六奇坊，说明唐代单于都护府城中是分划有坊的。显然，在唐代，这里已有汉与突厥共居的一个城池。

二、鄂尔多斯

鄂尔多斯是蒙古语，据说意思是"众多的宫殿"。苗润博博士说，蒙古语的鄂尔多斯，来源于契丹语中的斡鲁朵，亦即宫帐。据说，在北元崩解之后，黄金家族的宫帐所属各部渐次进入今鄂尔多斯地区。

2016年秋，我陪同Hansen夫妇从银川向东，沿着明长城沿线，跑了一趟。正值秋天，风景非常美丽。可是，对于其历史文化，并没有留下深刻的印象，此后也没有在这方面下功夫。

那么，到鄂尔多斯，能看点什么呢？著名的鄂尔多斯青铜器，我一点也不懂，而且似乎也没有再下功夫的可能。它太专业了，而且涉及的知识也非常弘博。关键的是，虽然看了鄂尔多斯青铜博物馆以及鄂尔多斯博物馆，其中也收藏了丰富的青铜器，非常精美，但我却没有找到一点感觉。我看着李零、邢义田等先生很专业地观察那些青铜纹饰，非常惭愧。

双羊形青铜杖首（春秋战国，鄂尔多斯青铜博物馆藏。任超摄）

人面形青铜杖首（战国，鄂尔多斯青铜博物馆藏。任超摄）

蹲踞形青铜鹿（战国，鄂尔多斯青铜博物馆藏。任超摄）

立耳高圈足青铜镦（西汉，鄂尔多斯青铜博物馆藏。邢义田摄）

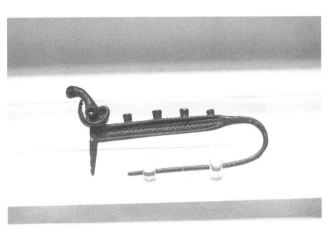

羊首青铜耳钩（战国，鄂尔多斯博物馆。任超摄）

镆是北方草原民族特有的一种炊具。双耳造型，不仅就炊时手握方便，更是为了迁徙时携带的方便。镂空高圈足的设计，也是针对草原民族的生活特点：就炊时找一个略微平坦的地方，把镆从马背上解下来，就地一放，于高圈足下拢一堆火就可以事炊了。

西伯利亚出土的青铜镆（鄂尔多斯博物馆藏） 虎噬鹿纹青铜饰牌（战国，鄂尔多斯青铜博物馆藏。邢义田摄） 椭圆形牛牌（铜，春秋战国，鄂尔多斯博物馆藏。邢义田摄）

这些青铜器及其纹饰图案，展示了一个草原的世界：动物间的生态链，食肉的虎、狼，天上飞的各种鸟，被人类驯化的马、牛、羊，还有各种各样的小动物，以及草原的风光。当然，最重要的，是人类及其创造，还有他们之间的征战杀伐。

鄂尔多斯西部荒漠地貌及桃红巴拉墓地远景（鄂尔多斯青铜博物馆藏）

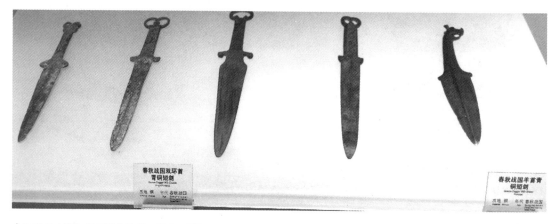

青铜短剑（鄂尔多斯博物馆藏。邢义田摄）

而瓦当铭文、砖石画像与壁画，则展示了另外一个世界。

横楣石上的车骑出行图（伊金霍洛旗汉墓出土，鄂尔多斯青铜博物馆藏。任超摄）

伊金霍洛旗汉墓壁画（鄂尔多斯青铜博物馆藏。邢义田摄）

伊金霍洛旗汉墓壁画（鄂尔多斯青铜博物馆藏。邢义田摄）

陶屋（汉代，鄂尔多斯博物馆藏。邢义田摄）

伊金霍洛旗汉墓壁画（鄂尔多斯青铜博物馆藏。邢义田摄）

壁画上的房屋与出土的陶屋模型，形制很接近。

铭文瓦当（汉代，"宜子孙，富番昌，乐未央"，准噶尔旗十二连古城出土，鄂尔多斯博物馆藏。邢义田摄）

铭文瓦当（汉代，"长乐未央"，准噶尔旗十二连古城出土，鄂尔多斯博物馆藏。邢义田摄）

包头博物馆摹写了乌审旗（属鄂尔多斯）巴日松古敖包东汉墓的部分壁画，应当是按比例摹绘的。

楼阁侍俑图（东汉，包头博物馆摹写，原出乌审旗巴日松古敖包M1前室北壁右侧。邢义田摄）

群山放牧图（乌审旗巴日松古敖包M1前室南壁右侧上部，包头博物馆摹本。邢义田摄）

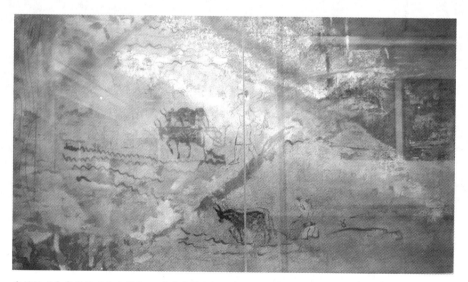

牛耕图（乌审旗巴日松古敖包M1前室南壁右侧下部，包头博物馆摹本。邢义田摄）

鄂托克旗凤凰山M1（东汉墓）西壁所绘庄园宴饮舞图反映了边地庄园的生活图景。

图的左侧部分，画的是武库。邢先生说，这些兵器的外面，都套了布袋子。图的右侧部分是群山放牧图，有马与牛，没有羊。值得注意的是山头上画了两个人，手里拿着一个棍子之类的东西。他们是放牧人吗？

武库、庄园宴饮乐舞图（鄂托克旗凤凰山M1西壁，包头博物馆藏摹本。邢义田摄）

宴饮乐舞部分，烧烤与杂耍，牛车与马车

放牧部分

三、巴彦淖尔

（一）临戎、三封和窳浑

这三座城，都是当年侯仁之、俞伟超先生考察过的。所以，李孝聪老师说，我们这一次，算是重走侯先生、俞先生的路。侯、俞两位先生说：

根据初步调查可以知道乌兰布和沙漠的北部，在两千多年前，原是汉朝朔方郡的辖地。朔方郡是汉武帝元朔二年（公元前127年）建立的。现在这里所发现的三座古城废墟，已经查明就是朔方郡最西部的三个县城：临戎、三封和窳浑。临戎在今磴口（巴彦高勒）以北约20公里，自此以西约50公里就是三封，窳浑又在三封东北约30公里。三城废墟都已半被沙湮，彼此之间又有大沙阻绝，难以通行。

以汉代朔方郡的设置为线索，结合有关的历史文献加以考察，不难断定朔方郡西部临戎三城初建的时候，现在的乌兰布和北部一带地方，非但不见沙漠踪影，而且还成为汉族移民屯垦的重要地区。特别是到了西汉王朝最后的半个多世纪，"朔方无复兵马之踪六十余年"，促进了这一地区人口的繁盛和农牧业的发展。关于这一点，东汉史学家班固曾说："数世不见烟火之警，人民炽盛，牛马布野。"如所描写，真是一派繁荣富庶的景象。这里所指，虽然不限于临戎三城，而临戎三城肯定是包括在这一繁荣富庶的农垦区之内的。现在广泛分布在三城废墟附近一带的汉墓群，就是一个很好的证明[①]。

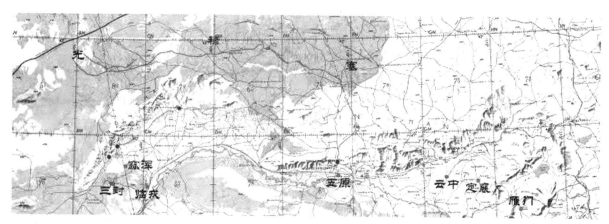

临戎、三封、窳浑三城的位置（刘未绘）

---

① 侯仁之、俞伟超：《乌兰布和沙漠的考古发现和地理环境的变迁》，《考古》1973年第2期。

侯仁之、俞伟超先生的考察是在1962或1963年吧，论文发表在《文物》1973年第1期和《考古》1973年第2期上，是很多年后了。考察乌兰布和沙漠，应当是和治沙联系在一起的。论文的归结点，也放在乌兰布和地区的沙漠化上。这一地区在汉代曾经为农垦区，此后渐次沙漠化的论点，可以构成后来内蒙古建设兵团在这一地区进行开垦的历史根据。应当说，两位先生当年的考察，与沙漠治理、农垦布局都有着密切关联。那么，我们今天来考察这三座城，目的何在呢？我们要弄清怎样的问题呢？

在考察的基础上，他们绘制了两幅图。其一是乌兰布和沙漠北部汉代遗迹分布图，其二是乌兰布和沙漠北部遗迹与水系分布图。这两幅图及相关认识，乃是我们认识乌兰布和地区黄河与相关城邑变化的基础。其中最关键的，是认为临戎故城在黄河古河道之东。侯、俞两位先生说：

关于临戎城的建置以及它和黄河河道的相对位置，在北魏地理学家郦道元的《水经注》一书中，是有明文记载的："河水又北径临戎县故城西，元朔五年立，旧朔方郡治。"过去在临戎废墟未被发现之前，地理学家或历史学家根据《水经注》的这段记载，总是在今黄河以东的鄂尔多斯高原求其遗址。现在这个遗址已被发现，但是其位置并不在黄河之东，而在黄河之西，其间相去大约5公里。这就说明两千年来，临戎故址虽然依旧，而黄河河道则已向东迁移。根据这一线索，曾试图向废墟以西的沙丘地带进行探索，在大约30公里的距离内，果然发现有已废的河道三条，相距最近的一条，南北向的河形还相当完整，尽管有部分流沙湮盖，但宽阔的河床依然明显可见。这应该就是黄河东移以前最后的一条河道，应该继续追踪，以求核实。其他的黄河故道，也应一一查清。至于黄河的不断迁移对于这一地区流沙起源的关系，更是当前应该深入研究的一个问题①。

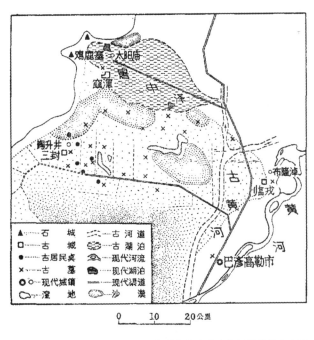

乌兰布和沙漠北部汉代遗迹分布图

乌兰布和沙漠北部汉代遗迹与水系分布图

---

① 侯仁之、俞伟超：《乌兰布和沙漠的考古发现和地理环境的变迁》，《考古》1973年第2期。

这一提示是非常重要的。其实，这应当是在这一地区进行考古工作的出发点，即寻找黄河故道。使用遥感和航拍图片，可能对找到黄河故道非常有用。也许已经有人做了，是我不够了解。

（1）关于临戎故城，侯、俞两位先生描述说：

古城位于布隆淖村的西南，东边紧靠一个名为河拐子的小村庄。全城作长方形，北端方向为2°……城垣黄土筑成，南、北两垣均长约450米，东垣长约637.5米，西垣长约620米，城垣宽约10米。古城的北部，地面上还保留着高约0.5—2米的残垣；南北部则除少量段落外，已被流沙所湮。

城内未被流沙湮盖的地面上，散布着汉代的绳纹砖、瓦。还有很多罐、壶、瓮、盆、甑等灰色陶片，上面往往带绳纹和波浪、方格、斜方格等纹饰，汉代的特征是很明显的。原生灰层，在古城东南隅露头较多，包含物略同上述地面遗物。调查时，还见到石础、残石磨和圆状石权各一。石础是一块略成圆角的扁方形石块，柱穴部分仅略作圆形凹下。石磨的磨齿是不相连接的三角窝形。石权外径为14.5—17、厚8、穿径为3.5—5厘米，已有残缺。凡此，从它们的形式看，也都应是汉代遗物。

在古城的中心地区，有一处东西狭长的地带，地面稍稍隆起，上面堆积的砖瓦特多，可能是一处重要建筑物遗址。

城中央稍偏西北方有一处制铁遗址很值得注意。那里，在一块东西约50余米、南北约20余米的地段上，布满了铁器残片、炼渣以及炭烬；偶然还可见到铜器残块。铁器残块中，以铁甲片为多，调查时匆匆一过，所见即达数十片。

古城之中，汉代以后的遗物很少，仅仅拣到几片带长方条状压印花纹带的灰陶罐片、周身带轮痕的灰陶长腹罐片、红褐陶的外卷圆唇的盆片。它们大概都是辽至西夏前后的遗物。

从古城内的遗存情况看来，古城系汉代遗迹无疑；它在汉代以后，大概长期荒废，只是到了辽至西夏前后，又有少量的居民，曾经在此附近居住过一定时期①。

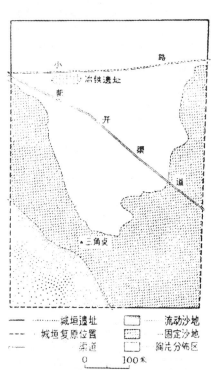

布隆淖古城（汉临戎城故址）平面略图

这些认识都是关键性的。特别是临戎古城在汉代以后，即基本未再使用的看法，非常重要。结合三封、窳浑城在汉代以后也基本未再使用的认识，可以断定，这一地区的农垦，大约只在汉代进行过一段时间。在此后的千余年时间里，这一地区基本上没有开展农垦。所以，认为是人类活动造成了乌兰布和沙漠化的看法，是不能成立的。此一地区的沙漠化，还是需要从黄河改道的角度去考察。初步的认识是：黄河的泛滥给乌兰布和地区提供了大量

① 侯仁之、俞伟超：《乌兰布和沙漠的考古发现和地理环境的变迁》，《考古》1973年第2期。

的细沙，而气候干燥则使这些细沙变成流沙，从而造成了乌兰布和地区的沙漠化。

临戎城北部航拍图（任超摄）

　　临戎城北部航拍图上部的那条小路，应当就是侯、俞两位先生所绘图上的小路。那么，小路上方，东西略偏北的土埂，就应当是侯、俞图中的北城垣。小路的南侧，就应当是冶铁遗址。

临戎城北部航拍图局部（任超摄）

在航拍图的东面，最上面的那道，应当是北城垣，东面西北—东南走向的那一条，应当是一条渠（未必就是侯、俞两位先生图中的渠）。北城垣拐角的地方，很可能就在图中右侧上面那块田地的边上。而下方那块小树林的右边，很可能就是西城垣的一段。

临戎古城的西城垣一段（鲁西奇推测，邢义田摄）

在侯、俞两位先生的时代，临戎古城的南垣就找不见了。但从航拍图上看，其南垣范围大概就是在图中下部那片树林的上面，呈白色的地方。明显的，到树林处地势要低平许多。

临戎古城的南部航拍图（任超摄）

临戎故城内的汉砖、陶片1（鲁西奇摄）　　　　　临戎故城内的汉砖、陶片2（鲁西奇摄）

（2）关于三封古城，侯、俞两位先生说：

　　陶升井是保尔陶勒盖农场总部的所在地。从总部向西南行走4公里，即达古城遗址。遗址之南，有土筑破屋两所，为麻弥图庙废墟。

　　陶升井古城遗址地面上汉代陶片堆积的情况是相当引人注目的，在东西约740、南北约560米的范围内，一眼望去，满是陶片，它在沙漠中强烈的阳光照射下，反射成一片银灰色的光泽，远远即可望见。此处堆积的陶片之所以如此密集，当是大风对土层剥蚀所造成。在乌兰布和沙漠中，除炎热的夏季外，经常有大风，它对地面土层所起的强烈剥蚀作用，在上述两处古城废墟中，都已见到过，而在此处，影响尤烈。估计城内的堆积土层，已经大部被风刮走，只剩下较重的砖、瓦、陶片留在当地，从而以前是埋藏于地下不同深度的遗物，现在却密集地在地面上连成一片。

　　古城的土垣，亦几乎被刮完。仅仅是一个长、宽均约118米的方形内城，还可在沙丘之中依稀找出范围。在内城外的东北方及西南方，也还分别找到各长100余米的土垣痕迹，可能是外城的残留。看来，从前这是一座有大、小两重城垣相套的土城。这种形式的汉城，在内蒙古，特别是内蒙古西部地区，已发现多处，大概是汉代西北部的一种流行形制[1]。

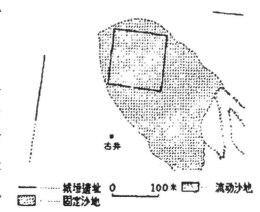

陶升井古城（汉三封城故址）内城及外城墙残存部分平面略图

---

　　[1]　侯仁之、俞伟超：《乌兰布和沙漠的考古发现和地理环境的变迁》，《考古》1973年第2期。

　　我们看到的情形，和侯、俞两位先生看到的，几乎是一模一样的。任超航拍的三封古城内城图右下角处，即内城的东南部分，已经被打破。李孝聪老师推测那里很可能是城门。我赞同他的看法，而且认为这个城门的形制，应当和侯、俞两位先生所揭示的保尔浩特的城门是一样的。

三封古城内城航拍图（任超摄）

　　不同的是，在侯、俞两位先生考察的时候，三封内城的周围已经全部是沙地，而现在，周围已全部垦为农田，种植了向日葵和玉米。秋天里，庄稼都收获了，地里留下了向日葵秆和玉米秆。田地里修建了良好的水渠。

自东向西航拍的三封故城内城（任超摄）

另一幅航拍图的上方是三封西侧。向西远眺，是狼山。根据侯、俞两位先生绘制的图，那片小树林的前面，就应当是三封外城的西城垣，大概只留下那一段。可惜我们考察前的功课做得不好，没有向那个方向找。

（3）关于窳浑故城，侯、俞两位先生的描述：

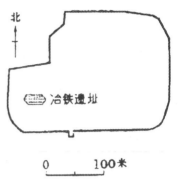

保尔浩特（汉窳浑城故址）平面略图

古城遗址，现为沙金套海公社辖地，其位置在公社所在地的西南3公里处。保尔浩特为蒙语，汉语称它为土城子。在本世纪初，这座古城曾遭到破坏性的盗掘。

这是一座很小的、形状不规则的土城，东西最长处不过250米，南北最宽处亦仅200米。西垣有些弯曲，其西北隅有一些流沙覆盖，据初步辨认，好像作成两度曲折[①]。

窳浑古城的航拍图1（任超摄）

窳浑古城的航拍图2（任超摄）

从航拍图上看，北、东、南城垣保存完好，西城垣已破坏。图中的渠水是北流的。城北不远处，就是沼泽地，据说这个城，当年就靠近著名的窳浑泽。

从窳浑城垣上北望狼山（邢义田摄）

---

① 侯仁之、俞伟超：《乌兰布和沙漠的考古发现和地理环境的变迁》，《考古》1973年第2期。

侯、俞两位先生曾重点观察这座城的城门，他们说：

全城城垣保存较好，绝大部分地方清晰可辨，宽约9—13米。有的地方，夯层还很清楚，据北垣中的一处测量，夯土每层厚约10—12厘米。

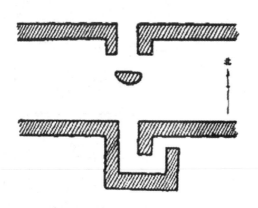

保尔浩特（土城子）古城南垣城门平面示意图
（上为现状，下为复原）

南垣的中部，有一缺口，宽20米左右，约为城门遗迹。全城似仅此一门。从古城周围的地形来说，城外的东边和北边，是一干涸的河床，大概是汉代屠申泽的边缘；向西则可直到阴山，走向山后的漠北地区。在城门缺口的两侧，土垣突然向外凸出，缺口的正前方，地面并有一堆积土。调查时当刚看到这种现象时，便曾经怀疑它是类似后代那种瓮城结构的残存。后来在阴山哈隆格乃山谷南口的汉代石城上，果然见到了保存较完整的这种城门结构。参考两地所见，把它的平面进行了大体的复原①。

城内的汉砖（鲁西奇摄）

左侧刘未站立处应当就是南门的豁口（邢义田摄）

（二）寻找高阙

其实我不太了解关于高阙的讨论，对相关背景也一无所知。大致说来，关于高阙，我所了解的记载，比较早的，应当是《史记·秦始皇本纪》上的。它说在始皇帝三十三年，秦在"西北斥逐匈奴。自榆中并河以东，属之阴山，以为四十四县，城河上为塞。又使蒙恬渡河取高阙、阳山、北假中，筑亭障以逐戎人。徙谪，实之初县"。张守节《正义》曰："高阙，山名，在五原北。

---

① 侯仁之、俞伟超：《乌兰布和沙漠的考古发现和地理环境的变迁》，《考古》1973年第2期。

两山相对若阙，甚高，故言高阙。"①而《匈奴列传》则称："赵武灵王亦变俗胡服，习骑射，北破林胡、楼烦。筑长城，自代并阴山下，至高阙为塞。而置云中、雁门、代郡。"②郦道元《水经注·河水篇》经文记河水过朔方郡临戎县西后，屈，从县北东流。注文说：

> 河水又屈而东流，为北河。汉武帝元朔二年，大将军卫青，绝梓岭，梁北河，是也。东径高阙南。《史记》：赵武灵王既袭胡服，自代并阴山下，至高阙为塞。山下有长城。长城之际，连山刺天，其山中断，两岸双阙，峨然云举，望若阙焉。即状表目，故有高阙之名也。自阙北出荒中，阙口有城，跨山结局，谓之高阙戍。自古迄今，常置重捍，以防塞道。汉元朔四年，卫青将十万人，败右贤王于高阙，即此处也③。

诸家的讨论，所使用的基本材料，主要是这三条，而结合对赵、秦及汉代不同时期与匈奴间的战事、策略以及对此地区地理形势的不同理解，而得出不同的认识。在考察前我做了一点功课，大致说来，关于高阙的定位，主要有三个类型的认识。

一是认为高阙在今狼山（古阳山）的某处山口。王北辰先生认为是在狼山达拉盖山口，张海斌先生（包头博物馆）认为是在狼山哈隆格乃沟（亦即鸡鹿塞），王治国、魏坚、舒振邦等先生以为是在狼山达巴图沟，张维华、侯仁之、谭其骧、赵占魁、唐晓峰等先生则认为是在狼山石兰计山口。

二是认为高阙在今乌拉山（古阴山）的某山口。严宾、何清谷先生认为在乌拉山西段，李逸友认为在乌拉山西段的大坝沟山。

三是认为有两个高阙：一在乌拉山，是赵国高阙；一在狼山，是秦汉高阙。二者有相互承继关系。沈长云先生以为赵国高阙在大青山、乌拉山一带，汉代高阙则在狼山石兰计山口。鲍桐先生确认赵国高阙在乌拉山昆都仑沟，秦汉高阙在狼山石兰计山口。辛德勇先生进一步充实了鲍桐的论证，他肯定赵国高阙在乌拉山西段某山口，但其具体位置需要进一步考古工作的确认。秦统一后沿用了赵国高阙，后蒙恬出兵占据今河套地区，又在河套北侧的狼山沿线修筑了新的长城，高阙也随之北移至狼山石兰计山口。

李零先生对高阙问题似颇有兴趣，我们此次考察，寻找高阙，好像是一个重要目标。

我们先看的是鸡鹿塞，真是一个漂亮的关城，非常让人震撼。

当年，侯、俞两位先生曾考察过鸡鹿塞，所做的考察比我们要深入得多。两位先生在文章中说：

> 鸡鹿塞是汉代有名的关塞，地处阴山北部，是贯通阴山南北的交通要冲。它的名称虽屡见于《汉书》和《后汉书》，但是它的确切所在，久已失考。只有《汉书·地理志》在朔方郡窳浑城下的注文里提供了一个线索说："有道西北出鸡鹿塞。"现在窳浑城的遗址既已确定，根据这一线索

---

① 《史记》卷6《秦始皇本纪》，中华书局，1963年，第253—254页。
② 《史记》卷110《匈奴列传》，第2885页。
③ 《水经注疏》卷3《河水三》，江苏古籍出版社，1989年，第213—214页。

向西北一带阴山脚下进行探寻，在相去大约20公里的哈隆格乃峡谷的入口处，果然发现有一系列汉代石筑烽燧，其中最重要的一处，是控制峡谷入口处两侧的石城遗址，可以断定这就是汉代的鸡鹿塞。塞口以内，两山夹峙，中间是一条宽阔平坦的天然通道，并有一泓溪水顺流而下，在出峡谷后没入沙砾层中①。

在两位先生基础上，我注意到鸡鹿塞与窳浑古城的关系。鸡鹿塞距离最近的县城窳浑城（也是朔方西部都尉驻地）有二十多公里，中间其实是山前冲积扇，最下方是古窳浑泽。那么，鸡鹿塞（以及沿山口的诸多关塞），其实是孤立于山口的。邢先生的这几幅照片，很好地表现了山前的荒凉。

其一，离开窳浑城，向西北行，沿途还可以看到半农耕的状态（邢义田摄）

其二，朝前走，这里应当是山前洪积扇的最前端，也是最低点，形成一些积水的沼泽。水一旦干涸，盐碱就会露出表面（邢义田摄）

---

① 侯仁之、俞伟超：《乌兰布和沙漠的考古发现和地理环境的变迁》，《考古》1973年第2期。

其三，自最低处朝前走，地势明显地高起来，盐碱也出露到地表上来（邢义田摄）

其四，在山前的冲积扇前，形成了细沙构成的沙丘（邢义田摄）

其五，在细沙丘与戈壁之间，是由较粗的沙子构成的、固定的沙丘（邢义田摄）

其六，鸡鹿塞前面，山谷洪积扇上的戈壁滩（邢义田摄）

任超先生的航拍图，更好地展现了鸡鹿塞前的图景。

鸡鹿塞的航拍图（任超摄）

在汉代，谷底与塞城的相对高度，显然比现在要高得多（考虑到谷口的洪积）。那么，站在塞城上向下看，戈壁，荒漠，屼浑泽，远处是屼浑城及其周围的炊烟。这幅图景，使我相信，关塞，并非用于据守，更多的是具有象征的意义，在战时也主要发挥警示的作用，在谷内的诸多烽燧和关塞，便是证明。那些守烽燧的士卒，在编制上皆当属于这个塞。

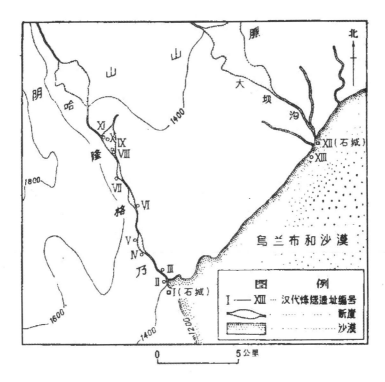

阴山哈隆格乃山谷与大坝沟一带汉代烽燧遗址分布示意图

塞城的规制显示出其军事性，可参见当年侯、俞两位先生绘制的关城平面示意图。从航拍照片上，更可以清楚地看到这座塞城的格局及附近形势。

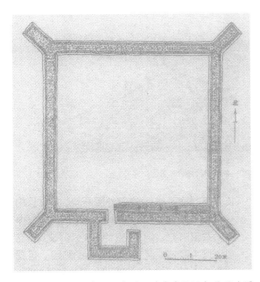

哈隆格乃山谷南口石城（汉鸡鹿塞故址）平面略图

鸡鹿塞与附近狼山航拍图（任超摄）

所谓达巴图古城（也就是魏坚先生确认的高阙塞），就是侯、俞两位先生所说的大坝沟古城。它在鸡鹿塞的东面约十七公里处。从地图上，可以看到，它在入口二十公里左右的地方，就与从鸡鹿塞入口的哈隆格乃山谷会合了。这一点，当年侯、俞两位先生都注意到了，不知为何，后来的讨论者有意无意地不再提这一点。而此点非常重要。正因为此，当年侯先生判断大坝沟古城的重要性低于鸡鹿塞，把大坝沟看成哈隆格乃山谷的支沟，而大坝沟古城则是鸡鹿塞属下的烽燧。如果将此古城确定为汉代的高阙塞，就必须回答它与鸡鹿塞的关系。

达巴图古城卫星图

达巴图古城夹在东侧的达巴图沟和西侧的查干沟的台地的断崖上。地表现存的古城由南北两个相连的小城组成。北城略成方形，边长约40米，城墙系用较大鹅卵石垒砌而成。南城为长方形，东西长64米，南北宽48米，城墙较窄，出土了汉代的铁釜、铁甲片和箭头等遗物。南北两城的建筑风格明显不同，可见并非同时代一次修筑。在整个城址北墙及西墙外的缓坡上，有一段近300米长的石墙环绕，此石墙与城西的一个小山包相连，山包顶部有一方形石砌建筑，应为坍塌的烽火台遗址。整个城址位于两个山沟的交汇处，控制着北方草原通向河套的交通咽喉，易守难攻，为绝佳的军事要塞。

现在看到的塞城，显然是经过精心修复的，修得太好了。

达巴图古城远景（任超摄）

达巴图古城局部（邢义田摄）　　　　　　　　达巴图古城及其周围山势航拍图（任超摄）

在古城和烽火台的西面，一个山沟的两侧各有一座暗红色山峰高高耸立，形似双阙。魏坚等先生认为，高阙塞可能据此而得名，进而推测古城北侧的方形小城为赵武灵王所筑之高阙，而南城应是汉代沿用时扩筑的城。

寂寞的关城（邢义田摄）

关于石兰计山口，论者已有很多的讨论。从形势上看，我也比较倾向于这里可能是秦汉时代的高阙塞。在山口，树立着一个乌拉特中旗河长制办公室制作的狼山口子示意图。

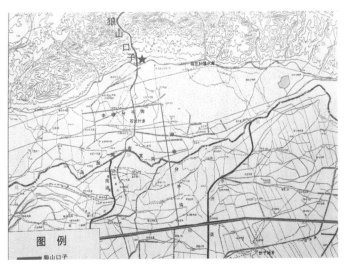

狼山口子附近地理形势示意图（乌拉特中旗河长制办公室制）

图中的乌加河右支沟，基本上就是秦汉时的黄河北河故道。显然，狼山口子就在狼山最贴近黄河的地方。它作为一个标志性的关城，正因为其处于山、河交汇处而显得尤为重要。河谷比较宽阔，是一条通途。

狼山口子内的道路（邢义田摄）　　　　　　　狼山口子航拍图（任超摄）

四、几点思考与感想

最早在北方地区跑，是在1987年的秋天，跟随贾敬颜等先生跑了宁城，赤峰，巴林左、右旗地区。那时候我还刚刚二十出头，什么也不懂，也没有认真学习，现在几乎全部忘记了。从2004年到2012年，我断断续续地在山西、宁夏、甘肃、青海、陕西地区跑了些地方，但没有真正地开展研究。那些奔波的目标，其实都是在给自己做的南方研究寻找北方背景——我一直在想，没有北方，哪里会有南方呢？所以，做南方地区的研究，心里一定要有北方。但我所谓的北方，其实主要是黄河流域，对于黄河流域的北方，也就是草原地带，其实还没有从"北方"中认真地区分开来。

所以，这次考察，虽然并没有走出黄河流域，但我却开始真正地去想，黄河之北的北方。我的立足点，不再是南方地区的稻作农业与北方地区的旱作农业的区分，而是北方地区的农耕经济与更北方的草原地区的游畜牧经济的区分。而这次考察所经的地区，正是农耕与游畜牧经济的过渡带。现在，我有了两个北方：黄河流域所在的北方，以及黄河以北的北方。后者指向了所谓的内亚，但我更愿意使用草原荒漠地带或者草原地带之类的说法（在此之前，当我把目光转移到东南沿海的滨海地域时，实际上我已经有个两个南方，稻作的南方，和以渔盐为主要生计方式的滨海的南方）。所以，这几年自己最重要的"进步"之一，是观察与思考，在空间的层次上，区分出南方（稻作农业）、北方（旱作农业）以及南方之南（渔盐航海）、北方之北（草原游畜牧）。这次的考察，让我进一步明晰了这种分别，对于我个人来说，可能是一个重要的事情。

那么，在上述的记录之后，我试图想些什么问题呢？

核心的问题是，谁（什么人）住在那里？在这个农牧业交错地带，在不同的历史时期居住的是些什么人呢？人们习惯用汉、胡的观念去做这种区分，当然是有问题的。那位护乌桓校尉，怎么能确定其在血缘上的归属？诚然，他举了孝廉，做了汉朝的官，家里与墓葬也用了汉朝的制度，可是，根据这些，如何可以确定他在血缘上就是汉人？文化上的归属也是如此。关键在于，他在自己的家里，如果在说匈奴或者乌桓话呢？我们不知道，但也不排除这种可能性。以生计方式划分人群，似乎也很难。农耕的人们不仅会以放牧作为其重要的生计方式，甚至可能以后者为主。而来自草原的人群，显然也会很快地学会农耕。那么，最好的办法，其实是笼统地称呼他们为农牧交错地带的居住人群。我想，弄清楚他们都是些什么人，从哪里来的，怎样看待自己，以及互相之间怎样看待，真是一个大问题，是开展这一地区研究的出发点。以往的研究把重心放在考察秦汉王朝将内地人户迁移到这一地区，揭示了问题的一个方面。确实，居住在临戎、三封、窳浑以及盛乐等城中的，以及屯垦区的很多人，确实来自内地。但是，护乌桓校尉墓壁画宁城图所绘宁城城门外的那些人，以及前来纳贡的各种人，主要是当地的不同人群。

汉画像石上的胡人

汉画像石上有一个胡人形象，这个胡人的形象非常著名，却是来自山东的刻石。很奇怪，在这次考察中，我们看了不少图像，壁画，以及画像石、砖，却没有见到胡汉交争图。邢义田先生在总结会上展示了关于砖、石画像中山与山胡形象的杰出研究，我没有能力分别，但印象中他用的是山东博物馆藏的胡汉交争图。可以肯定的是，邢先生没有提到此次考察中见有胡汉交争的画像。我们甚至没有见到典型的胡人形象——无论是乌桓，还是匈奴。

所以，我倾向于，在漫长的历史长河中，生存、活动于这一地区的诸种人群，其实主要是和平共处的——虽然不乏矛盾与冲突，但主要是"社会内部的矛盾与冲突"，而不是外部冲突——"战争"。战争是国家语言，是权力集团间的争夺。

居住在这一地区的是些什么人以及他们彼此间的关系问题，关系到我们如何解读相关的史料。下文中的三个瓦当，出土于麻池古城及其附近。张文平老师认为，第一个瓦当上的铭文，当读作"单于大降"，作"单于完全归降"解。从文字的角度说，"单于"下的字是否可以释作"大"

字，可能非常难以确定。张老师的意思，是不能读作"单于天降"，因为只有汉天子才能天降。实际上，我们不能确定使用这种瓦当的是什么人，即使是"汉人"，他们也是可能认为单于乃天降的。至于"四夷尽服"，这里的四夷，也未必是出于汉人立场的、对四方夷胡的称谓——"胡"也可以有其四夷。在胡人的四夷观念里，"汉"乃属于其四夷的部分。我认为，在汉代当地人群看来，单于和汉天子一样，都可能是天降的。而他们的四周，不管其族源如何，都可能是"四夷"。四夷尽服，也不过是说天下太平的意思。

麻池古城附近出土的瓦当

总的说来，此行，向老师们学到了很多东西，也促使我思考一些问题。当然，这些都只是起步，能走多远、走到哪里、甚至会不会，都还不知道。

2018年12月11日星期三，于北大静园二院204室

河西走廊西段长城、古城遗址考察行纪[①]

僧海霞 曾 磊

作者简介

僧海霞，女，1976年生，河南卢氏人，西北大学历史学院教授，中国历史研究院田澍工作室成员，研究方向为历史地理和敦煌医药文献。

曾磊，男，1997年生，甘肃张掖人，中央民族大学历史文化学院博士研究生，研究方向为历史人文地理。

一、前 言

河西走廊作为丝绸之路的重要组成部分，是古代通往西域的咽喉要道和战略要地，在中国历史发展中具有重要的地位，其独特的地理位置和战略地位使得它成为我国长城及古城遗址分布最为密集的地区之一。河西走廊地区至今尚存的古城遗址，上起汉唐，下至明清，有200多个，由于环境变迁，这些古城遗址正渐渐湮没在历史的长河中，对其进行深入的考察具有重要的学术价值和现实意义。

此次考察选点于河西走廊的西段（玉门—敦煌），即河西走廊内陆河水系的疏勒河流域一段，主要考察此段境内长城、古城遗址现存状况、周边生态环境状况，以此探讨生态环境变动在古城址的选择、发展及废弃过程中的作用。同时，通过实地考察，提出文物保护、基础设施建设、环境整

① 项目支持：国家社会科学基金西部项目"元明清时期丝绸之路中国段城市景观变迁研究"（项目批准号：19XZS032）。

治等相关意见和建议。本次田野考察是僧海霞教授带领学生继2019年明长城（古浪—山丹段）、明长城（永昌—张掖段）沿线城堡兴废与环境关系考察后的又一次河西走廊考察。

李并成老师为考察团做指导

为了更好地开展实地考察调研，在出发前僧海霞教授邀请李并成研究员为团队成员做了历史地理田野考察的具体指导。我们根据李并成老师的建议进一步优化了考察地点和路线，明确了此次的考察对象和考察任务。

此次考察人员有西北大学历史学院僧海霞教授，西北师范大学历史文化学院历史地理学方向硕士研究生赵娇娇、赵述娟、王红莉、曾磊，考古学硕士研究生赵张煜，文物与博物馆学硕士研究生杨志勇、阮丽斌。考察调研活动从2020年7月17日开始，至7月23日结束，为期7天，考察地区涵盖甘肃省玉门、瓜州、敦煌三县市。

二、汉长城及长城关隘遗址

甘肃是名副其实的长城大省，境内分布有秦、汉、明三代长城，甘肃历代长城总长度占全国长城总长度的近五分之一，且主要集中于河西走廊。河西长城从汉代开始修筑，为抵御匈奴，巩固河西，汉武帝在河西走廊"设四郡、列两关"，前后五次修筑长城1400余千米及相关设施，有效保障了中原王朝的边境安全和丝路贸易的畅通。此次我们共考察了玉门花海汉长城和敦煌汉长城两处汉长城遗址及玉门关、阳关两处长城关隘遗址。

（一）玉门花海汉长城

7月18日，早八点半我们从玉门市区出发，前往花海长城。花海是玉门下辖的乡镇，也是名闻学界的武帝遗诏觚的出土地。花海汉长城位于花海镇西泉村，然而寻找它的过程却甚为曲折艰辛。出花海镇之后，司机师傅便一路打听前往花海长城，车子在村舍街巷往复穿梭，见路边有行人便立刻停车询问，但都没有问到结果，村人回复最多的是："不知道，没听过呀，我们这里没有长城！"直到上午11点，我们兜兜转转来到一个林站询问，在一位工作人员的带领下，我们终于走上了通往花海汉长城的"正途"。经过一片沙石滩地，我们见到了大片绿洲，种植着红柳，还有向日葵、棉花等经济作物。

我们在正午12点的骄阳下抵达花海汉长城。此处长城东西向蜿蜒，是河西汉长城遗址中保存较为完好的一段，不同于明长城的夯土版筑，此段长城由流沙、散石、黏土及红柳、芨芨草等逐层叠压而成，充分体现了河西长城就地取材、因地制宜的建造思想。夯土最高部分可见7层，每一夯层厚约12厘米–18厘米，由于气候干燥少雨，墙体外侧的土质较为松软。历经千年风雨，由沙土、红柳建造的长城如今依然挺立，真让人钦佩时人的建造智慧与精神。长城两侧的铁丝护栏像卫士一样保护着这段长城遗址。在这里，我们考察了汉长城花海段的建造技术、周边环境，随后即前往花海头墩遗址。

玉门花海汉长城遗址

花海汉长城面貌

花海长城红柳夯土层

花海长城向东延伸

头墩遗址距离花海汉长城文物碑1公里左右，由于沙土松软，车不能行，我们便沿着长城保护隔离网步行至头墩。沿途有一处直径约为150米的湿地，引起了我们的注意，远远望去，水已成湖，周边绿意盎然，水鸟翔集。头墩是花海汉长城沿线的一座烽燧遗址，位于长城南侧，距长城约10米。现存遗址残高7米，底座平面为正方形，边长约11米。头墩烽火台也是由红柳、芦苇、沙土隔层夯筑，墩台底座用土夯筑，上部用土坯建造，存在明显的修复加固痕迹。

花海汉长城北侧湿地

花海汉长城头墩遗址

僧海霞老师为学生讲解头墩建筑材料

通过考察我们发现，玉门花海汉长城的保护现状不容乐观，玉门花海汉长城经历了千年的风雨洗礼后，只存有1米多高的残垣，长城两侧虽有铁丝隔离网的保护，但行人依旧可以进入隔离地带对长城造成破坏；同时，花海汉长城位置偏僻，考察人员及慕名游览者很难觅其踪迹，而当地百姓对此段长城的存在也罕有知晓。因此，当地文管等部门应设置花海长城遗址指示牌，对当地民众开展区域内文物的宣教，在提高花海汉长城知名度的同时，切实保护好这段长城遗址的原貌。

（二）敦煌汉长城

敦煌当谷燧一带的汉长城遗址是我们此行考察的第二段长城，此段长城位于敦煌市玉门关景区内，小方盘城西北五公里处，是我国现存汉长城中保存最为完整的一段。汉长城又被称为汉塞，此段长城是以黄土、芦苇、红柳、胡杨等层层夯筑而成，结构非常清晰，高处尚有两三米，相较于玉门的花海长城，敦煌境内的此段汉长城保护机制相对完善，人为的破坏较小。沿着这段长城向

敦煌汉长城遗址

西四五百米，仁立着一座烽燧遗址，即当谷燧。它位于长城内侧，即南侧，保存较好，我们直奔烽燧而去，沿途看到长城内侧部分坍塌严重，且雨水冲刷明显，但未见有任何相关的保护措施。当谷燧现残高8米-10米，它是出玉门关西行后的第一座较大的烽燧，属玉门都尉府下的玉门侯官管辖，有警戒、候望和传递邮报的多重功能。在当谷燧南边，仍然整齐地堆放着戍卒当年备用的积薪，积薪是烽燧日夜兼用的信号标志。

汉长城当谷燧遗址　　　　　　　　　　　汉长城边缘的水冲蚀地貌

（三）玉门关（小方盘城）

关是汉代边防设施的重要组成部分。敦煌郡设有玉门关、阳关，是中原通往西域的主要关口，其既是交通要道，也是文化交流的主要通道。敦煌玉门关遗址，俗称小方盘城，相传西汉时西域和田等地所产的美玉、玛瑙、珠宝等经此关口输入中原，玉门关因此而得名。该关始建于汉武帝征服河西走廊后"列四郡，据两关"时期，西汉时在敦煌郡下属的龙勒县设置，是汉代西部的前哨，《汉书·地理志》记载："龙勒，有阳关、玉门关，皆都尉制。"玉门关自西汉武帝时期设置以来，伴随着中西交通的发展，历时1140余年，关址也经历了几次大的变迁。玉门关在东西交通史上留下了辉煌的一页。说到玉门关，人们总会想到唐代诗人王之涣那首脍炙人口的七绝："黄河远上白云间，一片孤城万仞山。羌笛何须怨杨柳，春风不度玉门关。"诗中那悲壮苍凉的意境，引发了人们对这座古老关塞的向往。

我们于正午时分抵达玉门关（小方盘城）遗址，现存遗址总体呈方形，用黄土夯筑而成。其东西长24米，南北宽26.4米，残垣高9.7米。城址西、北墙各开一门，障门开于西墙正中，北垣中部有一个拱形尖顶的大洞，可能是障墙坍塌所致，非障门。关城北侧东西走向的车道直通西域，是历史上中原和西域诸国往来和邮驿之路。出北门，有木栈道直通观景台。西望是一片湖水，阳光下粼粼波光闪动，炫人眼目；北望则绿野茫茫，迥异于周边的戈壁，想来这里也曾草嫩马肥，也为大汉王朝边防做出过卓著的贡献吧！而小方盘城，在这风沙之中已经矗立了两千多年，像一个被遗忘的戍卒寂寞地驻守着西北的门户。登上观景台，举目远眺，四周沟壑纵横，长城蜿蜒，烽燧兀立，在正午的阳光下，透射出浓烈的历史沧桑感。

但小方盘城体量如此之小，能承担起重要关口的重任吗？这或许是许多到过小方盘城的人都会有的困惑。比较而言，小方盘城可能是一座后置的障城，是玉门都尉的治所，而关口设在旁边的汉长城沿线可能性较大。玉门关的关址问题一直是我国史学界和考古界研究的焦点，在这一方面，李并成老师做了相当多的研究。李老师认为最早及最晚的玉门关遗址在今嘉峪关石关峡一带，汉代玉门关遗址在敦煌玉门关一带，隋唐玉门关遗址在瓜州双塔堡附近，不同历史时期玉门关的位置是变动着的。

　　玉门关，曾商队络绎、使者往来，古道漫漫驼铃悠悠，如今荒野茫茫，我们只能从残留的遗址中寻找昔日古人在这古老边塞走过的历史足迹。顶着骄阳，我们离开了千古玉门关，车行驶在柏油路上，周围都是黄沙漫漫的戈壁滩，恍惚间，我们像是行走在苍茫而又漫长的古道上……

小方盘城遗址

小方盘城遗址北门

小方盘城遗址北边的疏勒河及湿地

从观景台南看小方盘城遗址

（四）阳关

　　随后，我们来到汉武帝于河西"列四郡，设两关"的两关之一——阳关遗址考察。阳关，因唐代诗人王维"劝君更尽一杯酒，西出阳关无故人"这一广为流传的诗句而被世人熟知，"阳关"已然成为丝绸之路的意象之一。它是中国古代陆路对外交通的咽喉之地，是丝绸之路南路必经的关隘。西汉置关，因在玉门关之南，故名，它和玉门关同为当时通往西域的门户。安史之乱后，吐蕃崛起，并占据了河西走廊，这条传统的交通要道基本被切断，阳关此后被彻底废弃。现在的阳关景区由汉唐历史遗迹、大漠自然风光、生态农业观光以及阳关博物馆等景观构成，仅有的历史遗迹，是一座汉代的烽燧遗址。

　　进入阳关景区，首先映入眼帘的是阳关博物馆。阳关博物馆是一座民营博物馆，其对阳关的地理位置、沿革发展做了介绍，但出土实物并不多。出博物馆，张骞的高大雕塑巍然屹立于我们面前，手持旄节，气宇轩昂，蓄势待发。仿古的阳关都尉府在给游客办理着出入阳关的"过所关照"，出"阳关"，便可看到高耸的阳关烽燧。昔日的阳关城早已荡然无存，仅存一座被称为"阳关耳目"的汉代烽燧遗址，耸立在墩墩山上，倚靠这座墩墩山，远近百里尽收眼底。这座烽燧处在阳关的制高点，它是阳关历史仅存的实物见证。

"阳关"关门

阳关烽燧遗址

墩墩山上的烽燧是用黄土夹芦苇砌筑而成，上面有残余围墙，一条马道直通顶部。墩墩山烽燧系汉代建筑，为古阳关候望之处，有"阳关耳目"之称。我们从北侧的小道走近烽燧，其残高近五米，约呈不规则的方形，上小下大。站在其西侧，可看到浩瀚的戈壁滩，转向南则可远眺阿尔金山，眼前则是茫茫的古董滩，东侧是一片绿树掩映的村庄。在阳关烽燧南侧的阶地上，东侧修了一座亭子，中间摆了几辆大轮木车。阳关烽燧遗址往南沿木栈道而行，就是阳关大道遗址和古董滩了，这里早已不再是车马喧嚣的阳关大道，千年前的丝路故事只能靠我们来想象了。再向南则是木栈道通向古董滩的边缘，我们沿着栈道进入，试图能更靠近古董滩，但被工作人员劝返了。

李并成老师曾经根据这个古董滩，判断出寿昌城等古城的位置和修建年代。阳关，一座被流沙掩埋的古城，一座被历代文人墨客吟唱的古城，自古以来，它在人们心中，总是凄凉悲怆、寂寞荒

阳关前遥望古董滩

阳关烽燧遗址东侧的绿洲

凉的。未至夕阳西下，我们便离开了阳关。

三、古城遗址

由于河西走廊干燥的气候条件，且人口密度较低，因而自然的和人为的因素对古代行政、军事城址的破坏较轻，大量的古城遗址得以保存，为我们今天复原历史时期的城址面貌、研究城堡兴废及地理环境的变迁提供了实证。此次我们共考察了河西走廊西段的西域城、赤金堡、安西故城、锁阳城、寿昌城、沙州故城6处古城遗址。

（一）西域城遗址

西域城遗址是我们此行考察的第一座城址。我们于7月17日到达玉门后，就乘车前往位于玉门镇东渠村的西域城遗址考察。西域城始建于明代，清康熙五十七年（1718）曾作为靖逆卫城（今玉门镇）的辅城。西域城城址平面近似长方形，城墙夯土版筑，城址保存几乎完整。东墙长105米，西墙残长88米，南墙长152米，北墙长153米。墙高9米，底宽约7米。南墙中间开门，门外有方形瓮城，残损严重，形状不清，北墙保存几乎完整。东北向的城墙被挖出数个墙洞，墙洞里有被烟熏过的痕迹，应为早年住人之用。西域城的四角均有角墩，其中西北角墩较大，墩横截面为圆形。

为什么此城被称作"西域城"，是不是与西域有什么关联？查阅相关资料后得知，西域城在形制上具有中亚伊斯兰教文化特色，即西北角呈现出的圆墩状。据杨富学研究员考证，在河西走廊西端如锁阳城和赤金古城都是这种形制，在国内其他地方很少见，但是在西亚和中亚具有伊斯兰风格

西域城全貌

的城池建筑大多数都有这种圆形角台。并且杨富学研究员推断西域城应为明代张海所筑之城，史载："孝宗弘治七八年间（1494—1495），兵部侍郎张海修苦峪城，发流寓番人及寄居赤斤者赴苦峪及瓜州。四十七年，占特木尔主哈密，善巴走苦峪。"张海筑城的目的在于安置来自西域的流寓，正与"西域城"之名对应。

西域城的整个城址被农田包围，外围有铁丝网维护，城内有农田。一条新修的水渠将城址（农田）分割为两半，一半种植的是玉米，一半为果树。西域城虽有铁丝网等设施的维护，但人为的破坏依旧存在。

从西域城遗址出来已是晚上7点，由于距市区不远，又有微风相伴，我们决定步行返回市区。

西域城内的农田、水渠

西域城西北角墩

城内堆放的生活垃圾

（二）赤金堡遗址

7月19日上午，我们前往玉门的赤金堡遗址考察，赤金堡遗址即清代赤金卫古城遗址，据《重修肃镇志》记载，此堡始建于明代，康熙五十六年（1717）重修，并在旧城西面连筑新城一座。现存遗址位于赤金镇学区家属院东侧，遗址仅存断续的北墙、西北角的城墙和角墩，其余建筑均损毁殆尽，现存城墙高4米，西墙长80.5米，北墙长76米。角墩在西北墙角外侧，圆形，高约5米，为夯土打制。墙外侧为农田，墙内为居民楼，东侧断垣处有围栏，从此处可见墙体夯筑状况。此城因城市建设、农田建设等人为因素而破坏严重，保存状况较差，如今残存墙体虽有围栏保护，但人为破坏依然存在。

赤金堡现存墙体

北墙外侧现存状况

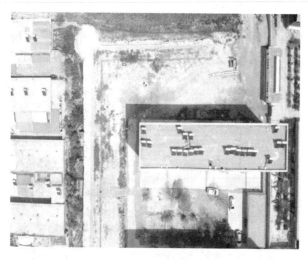

赤金堡遗址周边环境

赤金堡航拍图

　　出了赤金堡遗址，我们的玉门考察即告以结束。午饭后我们离开了玉门这座洁净美丽的城市，乘大巴车前往瓜州。

（三）安西故城遗址

　　7月19日下午两点四十我们乘坐大巴车前往瓜州。玉门两日奔走，大家已显疲惫，上车没多久都进入了梦乡。再次被喇叭声吵醒时已经到了布隆吉乡。布隆吉这个名字在明清的西行记中多次出现，如陈诚《西域行程记》载："约行一百余里，有夷人种田处，富水草，地名卜隆吉。"卜隆吉突厥语本意是露头泉水多，水草丰茂的地方；也有说其为河名，是今之疏勒河，如陈诚"平明起，过卜隆吉河，向西北行"即为此意。路过此处，欣赏了一会儿沿途的绿洲风光，又陷入迷离状态中。四点半左右，抵达瓜州县城。瓜州县城与玉门市区差异甚为明显，其店铺林立，市井喧闹，与玉门的空旷洁净比，这里充满了人间烟火气。宾馆定在城东，我们穿行在瓜州的大街小巷，体味着县城的风情。到宾馆放好行李后，我们便出发前往县城北侧三公里外的安西老城。

安西老城始建于清雍正六年（1728），是清代安西府、安西直隶州及民国至中华人民共和国成立初期的安西县城的城址。1969年，安西县城由此处南迁至今天的瓜州县城，安西城始废弃。瓜州城外的道路亦笔直宽阔，尤其是玄奘大道和瓜州大道，甚为恢弘壮阔。数分钟后，我们从城中公路穿行至安西老城的北墙处下车。安西老城目前保留了北墙和东墙的大部分墙体，城内外均为农田。有多条公路穿城墙而过，因此这两面存留墙体也多有破损。安西故城作为旧州城、县城所在，规模巨大，城平面呈长方形，城墙夯土版筑，四面辟门，有瓮城，现今只存留墙体。

安西故城遗址东北角墩（航拍图）

我们在北墙中间的公路处稍作观察后，沿北墙外侧东行。此城城墙高大，夯土筑成，但从外墙看，内外两层明显有别，显系两次以上筑成。城墙东北角有门。我们由此进入城内。东墙北段墙上挖有洞，洞前有树枝围成的栅栏，系养牲口的场所，路面以下为耕地。东墙外侧约每百米有一马面，但多有残缺。东墙中部公路（宜禾路）穿城址东墙而过，这里还有一处"红西路军攻打安西城纪念碑"，记录了当时西路军攻城的经过。沿东墙行至宜禾路，在此处城墙南侧被铁栅栏围挡，我们无法继续前行，安西故城的考察也就至此结束。

安西故城遗址轮廓（卫星图）

城址内堆放的生活生产垃圾

城址东北角圈养牲畜的场所

新修宜禾路穿城址东墙而过

团队成员在安西城遗址合影

（四）锁阳城遗址

7月20日，天气晴朗，早上8点我们从瓜州县城出发，前往锁阳城遗址考察。经过一个小时的车程，9点钟我们到达锁阳城遗址。锁阳城亦称"瓜州故城""苦峪城"，其位于瓜州县锁阳镇东南的戈壁荒漠中。锁阳城是西晋晋昌县、隋常乐县、唐瓜州郡的治所，后历经战乱，在明王室闭关后遭废弃。锁阳城是古代丝绸之路上连接中原与西域地区的交通枢纽，也是一座保障性的城址，2014年入选世界文化遗产。锁阳城之名始于清代，因城周围盛产味美甘甜的锁阳而被命名为锁阳城。

锁阳城地处戈壁深处，其南面系墓葬区，但远看为荒漠一片，祁连雪峰层层叠叠，遥遥在望；北边，戈壁中红柳丛密密层层，广阔辽远；西面，广阔的草地绿草如茵；向东，塔尔寺的土塔在蓝天映衬下如覆钵。锁阳城城内遍布柽柳灌丛沙堆与白刺灌丛沙堆，沙堆高2米至4米，有些地段沙与城齐。

我们乘坐观光车进入锁阳城遗址，随车讲解员非常细致地为我们讲解了锁阳城的历史沿革、现存遗址分布、保护情况，并不时将手指向远处的墩台、烽燧遗址。我们在遗址西南角墩观景台（西南角瓮城遗址）下车，西南角的墩台，高大厚实，也成为今天锁阳城现存遗址内的制高点，是绝佳的观览之处，在此可眺望城南侧的墓葬遗址和水利设施遗址。登上观景台远眺，锁阳城遗址一览无余地展现在我们眼前，锁阳城分内、外两城，是集古城址、佛寺遗址、古渠系和古垦区、墓葬群等多种遗迹为一体的文化遗产。据讲解员介绍，城址的东、南、西三面均有古垦区遗迹和灌溉渠系遗迹，因南山突发山洪，对墓葬区和城区都构成威胁，故锁阳城文管所在城址的南门外修建有一条绵延的防洪坝，以解除山洪对城址的威胁。

锁阳城内城西南角墩

锁阳城城墙及马面

锁阳城中丛生的戈壁植物

锁阳城残存墙体

接着,我们来到锁阳城的塔尔寺遗址考察。塔尔寺位于锁阳城东1600米处,是一处大型佛教寺院遗址,是当时人们礼佛的地方。寺院呈南北向,沿中轴线依次为山门遗址、大殿遗址、大塔和小塔群。大塔是塔尔寺现存的主要建筑,为大型覆钵塔,位于寺院中心,残高约9米,底宽11米,土坯砌成,白灰抹面,在盗墓者的洗劫下,塔身中央留有一靴状盗洞。塔尔寺的建成年代在此前颇有争议,一些学者认为是元代建筑,但塔内曾出土过泥版印刷的西夏文"六字真言",也在周围发现过比较多的西夏时期的瓷片,同时也有唐代文物的发现。另外根据《大唐西域记》记载,玄奘法师西行取经,在瓜州停留月余,但并没有提及具体是哪座寺院,所以有专家学者推测,玄奘弘扬佛法的地方可能就是锁阳城的塔尔寺。2022年,最新考古证据证实,锁阳城遗址内的塔

塔尔寺遗址航拍图

尔寺建于隋唐、兴盛于西夏时期，其出土的琉璃建筑构件等文物证明，这是古代丝绸之路上的一座高等级寺院。

　　总体而言，锁阳城遗址作为世界文化遗产和全国重点文物保护单位，遗址的开发和保护措施较为完善，大到防洪除危、遗址监测预警体系平台的建立，小到文物的日常维护、人行步道的构建、沿线护栏以及警示标牌等，均遵循着保护为主、抢救第一的原则，无疑是文物保护机构学习、借鉴的榜样。这是对历史的尊重，也是对文化的一种敬畏！

塔尔寺大塔遗址

考察团队成员认真地听讲解

（五）寿昌城遗址

　　7月21日下午，我们前往位于今敦煌阳关镇寿昌村附近的寿昌城遗址考察。寿昌城遗址西距阳关遗址约三公里，因其位于南湖绿洲之上又名南湖破城。寿昌城是我们出发前李并成老师强调要去看的城址，因为这里是城址沙漠化的典型。我们穿过村庄沿着田间小道往前走，就看到了位于一片葡萄田边缘的墩台，再向前走十余米进入沙丘地带，远远地看到断断续续的城墙。寿昌城为汉代敦煌郡所辖六县之一的龙勒县城，唐代为沙州所属的寿昌县城，寿昌城在盛唐时最为繁荣，宋代以后被洪水冲毁，又被风沙掩埋逐渐废弃。寿昌城遗址现为省级文物保护单位。

寿昌城中沙丘掩埋的墙体

　　我们绕城一周，很明显地看到寿昌城大部分已经为黄沙壅埋。寿昌城遗址呈拐尺形，由两个重合的长方形组成，西南角空缺，形状很像现在常见的拐角楼。遗迹东、西、北三面仅存部分残垣，南面的城墙尽埋沙中，墙基隐约可见，墙体由红胶泥版筑而成。城外北、东两面数公里范围内全为新月形沙丘占据。据敦煌遗书《唐沙州地志残卷》记载，当时寿昌城中建有学校、寺庙、社稷坛等。李并成先生研究得出，唐宋时期的南湖绿洲灌溉范围以寿昌城为中心，面积约120平方公里。可见当时这一带是颇为繁华的。寿昌城是何时因何故废弃的？李并成先生认为，城中暴露的遗物均为宋代或宋代以前之物，那么它应废弃于宋代，即敦煌曹氏归义军政权覆亡以后。城北、城东的大片古绿洲也应是在这一时期发生沙漠化的。归义军政权灭亡后，这里渐渐废而不用，而最终演变成了流沙的处所。

寿昌城遗址文物碑

寿昌城遗址西南角墩

寿昌城遗址残存墙体

寿昌城南侧沙丘和杨树林

　　此刻，我们站在一个个沙丘上细细看着这座废弃千年的古城。寿昌城内沙丘连绵起伏，当年的通衢街道、繁华闹市早已无影无踪，但古城的轮廓却依然清晰。城外北、东两边数公里范围内全为数米高的沙丘占据。站在沙丘上，一边是静默不语的如播种机刚耙犁过的黄色滚滚沙浪，一边是随风摇曳的高大白杨林和望不到边的绿色农田，在荒凉和生命的分界线上，历史竟以这样动态的鲜亮的颜色诉说沧海桑田的警示。

被生物破坏的墙体

墙体上刻字的痕迹

考察团成员查看墙体被侵蚀情况

　　直到今天，黄沙依旧在威胁着寿昌城，或许在不久的将来，寿昌城遗址亦会像阳关一样沉没在我们脚下。如今被黄沙几近埋没的寿昌城遗址残垣，依然顽强地屹立着，似乎在顽强地与黄沙相抗衡。下午六点二十分，我们离开寿昌城遗址，返回市区。

（六）沙州城遗址

　　7月22日，我们在敦煌市区考察沙州城遗址。沙州故城，又名敦煌故城，俗称"旧城墩"，位于今敦煌市城区以西的党河西岸，西北师范大学敦煌学院以东，国道215线从城址北侧穿过。该城始建于汉元鼎年间，经西凉、唐代两次加固维修。唐立沙州、元置沙州路、明设沙州卫，其城址一脉相沿，未曾他迁。后因党河水来自西南，绕道旧城东墙外，东墙多坍塌，清雍正年间移民之后，选址在党河东岸另筑新城，也就是现在的敦煌市主城区所在地。现沙州故城仅存南、北、西三面断续残垣，东面已被水冲蚀，坍陷无余，在党河西岸河床上可找到部分基址。绕城一周，除了用护栏围住城址残垣，其余均辟为农田和城区。现存西北角墩是沙州城遗址最大的遗存，巍巍耸立，像是在昭示着故城过去的辉煌。

沙州城遗址西北角墩

沙州城遗址残垣　　　　　　　　　　　　　　　　　　　沙州城城池残垣

看完沙州城遗址，我们前往沙州城遗址以南的白马塔，白马塔现位于一座寺院之中，它是沙州故城中留存至今的唯一一处较完整的建筑，塔高12米，共9层，巍峨壮观。该塔为土坯砌筑，中有立柱，基座呈八角形，用条砖包砌，每角面为3米。第二至四层为折角重叠形，第五层下缘有突出的乳钉装饰，上缘为仰莲花瓣环绕，第六层为覆钵形塔身，第七层为法相轮形，第八层上面为六角形坡刹盘，每角挂风铎一个，最顶层为连珠形塔尖。相传后秦时，著名译经大师龟兹人鸠摩罗什东传佛教，道经敦煌，所乘白马病死，埋在此处建塔纪念。目前白马塔正在维修之中，绕塔一周，仰观塔身，庄重肃穆。

白马塔遗址

四、结　语

丝绸之路是融通中西文明的大通道，沿线遗存有大量文物古迹，历史底蕴深厚，具有极大的文化遗产价值。盛夏七月，我们从金城兰州出发，一路向西，走过了丝绸之路黄金地带的玉门—敦煌段。深入玉门、瓜州、敦煌三县市，考察了西域城遗址、赤金堡遗址、安西州城遗址、锁阳城遗址、寿昌城遗址、沙州故城遗址共6座城址，玉门花海、敦煌汉长城及阳关、玉门关共4处长城及长城关塞遗址。由于历史上人为的或自然的原因所引起的环境变迁，河西不少古城遗址今天已深处荒漠之中，昔日壮观的伟墙高垒，今日已成颓垣残堞；昔日繁华殷庶的绿洲，今天成了沙浪滚滚的瀚漠。置身其间，足以观沧海桑田的历史变迁。

此次考察，我们对河西走廊西段沿线各类古城址的保存现状进行调查和研究。从保护管理的角度来看，除了极少数属于世界文化遗产、全国重点文物保护单位的古遗址能够得到有效管理与修缮外，绝大多数处在无人看管的自然衰败状态。现对本次考察河西走廊西段古城遗址保护问题进行分析，具体列表如下：

河西走廊西段部分古城遗址现状分析表

类别	遗址名称	主要破坏因素		完整性	保护等级
		自然因素	人为因素		
古城遗址	西域城	1.风雨侵蚀 2.自然坍塌 3.植物根系危害	1.城内外耕种农田、修建水渠 2.倾倒生活垃圾	四角有角墩，东北方向的墙体上有数个洞窟，整体保存完整	市级文物保护单位
	赤金堡	1.风雨侵蚀 2.自然坍塌 3.地理灾变	1.城市建设的破坏 2.城外农田的耕种 3.生活垃圾的倾倒	残留西、北两面墙体及一个角墩，完整性较差	县级文物保护单位
	安西故城	1.风沙侵蚀 2.泉浅水旺 3.潮碱	1.城内农田的耕种 2.生活垃圾的倾倒 3.城内农畜圈养等对城墙的破坏	仅存东、北两面墙体	县级文物保护单位
	锁阳城	1.风雨侵蚀 2.洪水威胁 3.沙漠化	滥挖	内外两城，存角墩，保留塔尔寺一座	世界文化遗产
	寿昌城	1.沙漠化 2.自然坍塌 3.地理灾变	耕地、垦殖破坏	城墙大部分被黄沙掩埋，现仅存东、西、北三面残墙和西南角墩	省级文物保护单位
	沙州城	1.风蚀、雨蚀 2.自然坍塌 3.河水的冲蚀	城市建设破坏	仅存南、北、西三面断续残垣	省级文物保护单位

从上表中得知，这些现存古遗址多为夯土版筑，易受自然和人为因素的干扰与侵袭，均遭到不同程度的损毁，而且城址的保存状况堪忧，甚至有些城址濒临消失，如寿昌城、赤金堡等。因此，从文化遗产保护的角度来看，古遗址的保护理念、保护思路应结合西北干旱区遗址保护的实际情况，在遵守《中国文物古迹保护准则》的前提下，有关部门应积极开展行之有效的保护措施和加固修葺工作，延缓古遗址消亡速度，使其得到应有的保护。

首先，多处遗址的保护，由于对其价值认识的局限性，导致在保护对象确定、保护方法选择上缺乏完整的、深入的认识，保护总是片面的，无法达到保护遗址真实性与完整性的目标。如西域城遗址、安西老城、寿昌城、沙州故城等，这些城址虽立有文物保护碑，但因人们的不重视，城址内外耕种农田，倾倒生活垃圾以及任意毁坏城墙等现象依旧存在，更有甚者，附近村民竟不知这些城址是文物。

其次，由于历史的原因，一些遗址远离城乡聚居区，地处荒漠之中，且遗址范围广，应区别于一般的遗址保护。比如：玉门花海汉长城、敦煌玉门关汉长城、寿昌城遗址等。对于它们，除了对遗址本体保护，考虑土体自身因素、构筑技法带来的破坏、风蚀作用、雨蚀和洪水、冻胀破坏、易溶盐破坏和人为等其他因素之外，如何改善遗址周边的生态环境亦是一个大难题。长城遗址涉及范围广，保护其周围生态环境要在一个更大的区域范围之内进行，整体来说难度较大。

最后，针对遗址的旅游开发，也需就其本身统筹考虑，遵循保护为主、抢救第一的原则，合理利用、加强管理。

重庆长寿城市历史地理考察与研究^①

邹双红　马　剑

作者简介

邹双红，西南大学历史文化学院、历史地理研究所硕士研究生。

马剑，西南大学历史文化学院、历史地理研究所教授。

　　长寿在秦时属枳县，汉晋因之。唐初在该地区设置乐温等县，宋元仍名乐温县。元末为明玉珍占据，始更名为长寿，明清因之^②。长寿濒临长江北岸，依山傍水，地理位置优越，"本境居府地轴，据涪上游，水程之要津也"^③，历来为兵家必争之地。清中期白莲教起义爆发后不久便蔓延至长寿，位于河街的长寿旧城遭到了严重破坏。遂于嘉庆五年（1800）在凤山上营建新城，嘉庆七年十月新城完工，长寿迁治于新城。因新县城驻凤山，故亦称凤城。不过，迁城后位于河街的旧城似乎依旧承担着城市的经济职能。直到20世纪70年代，河街作为长寿经济中心的地位才开始逐渐衰落。带着对长寿城市地理变迁的浓厚兴趣，我们于2022年6月9—11日对其进行了考察。

---

①　项目支持：国家社科基金一般项目"明清以降长江上游地区洪水与城市地理变迁研究"（批准号：21BZS112）。
②　光绪《重修长寿县志》卷1《建置·沿革》，清光绪元年刻本。
③　民国《长寿县志》卷2《地理》，民国十七年石印本。

一、乐温迁治

学术界普遍认为唐宋元时的乐温县城并不在长江边，具体位置则有今重庆市长寿区邻封镇[①]、龙河镇仁和场（原乐温乡，已没入长寿湖）[②]、万顺镇与葛兰镇[③]等不同地点之别，至明代始迁至今凤山（今长寿城区所在地）之下、长江北岸的河街[④]。

位于美国华盛顿特区的弗利尔美术馆（Freer Gallery of Art）藏有一幅《长江万里图》[⑤]，据传为五代末北宋初的著名僧侣画家巨然所绘，据考证，图中红色楷书的地名文字为南宋人加注，各景观的地理位置颇为准确[⑥]。在重庆府和涪州间长江北岸的山麓，明确标注了"乐温县"和"张飞庙"。可见，乐温至少在南宋时即已治于江边。

《长江万里图》中的乐温县与张飞庙

---

① 谭其骧主编：《中国历史地图集》第5、6册，中国地图出版社，1982年，第52—53、29—30页；邓少琴等编著：《重庆简史和沿革》，重庆地方史资料组，1981年，第71页；蒲孝荣：《四川政区沿革与治地今释》，四川人民出版社，1986年，第249页。

② 光绪《重修长寿县志》卷2《古迹》，清光绪元年刻本；余楚修、管维良主编：《重庆建置沿革》，重庆出版社，1998年，第176页；蓝勇主编：《长江三峡历史地理》，四川人民出版社，2003年，第136页。

③ 严耕望：《唐代交通图考》第4卷《山剑滇黔区》，上海古籍出版社，2007年，第1035-1036页。严耕望先生虽然认为文献中的溶溪即今龙溪河，乐温县治应在其西岸，但在定位时却将桃花溪误作龙溪。

④ 清嘉庆年间，为应对白莲教起义，长寿县城又由凤山山麓的江边迁移至山巅，沿用至今，旧县城因南濒大江，俗称"河街"。

⑤ Ten Thousand Li Along the Yangzi River, collected by Freer Gallery of Art, https://asia.si.edu/object/F1911.168/, 2020年8月20日下载。虽然宋代尚留存有《九域守令图》《舆地图》等，但其主要表现政区建置，相对位置多有出入，参阅曹婉如等编：《中国古代地图集》（战国至明），文物出版社，1990年，第63、70幅。

⑥ 吴秋野认为绘于南宋建炎四年（1130）到淳熙十六年（1189）间，蓝勇定于绍定到嘉熙年间（1228—1240），朱利·奥瑞尔认为最有可能是12世纪末，但却均无法解释画上徽宗"宣和"的钤印。见吴秋野：《〈长江万里图〉的作者与年代考》，《荣宝斋》2017年7期，第152—161页；蓝勇：《山水的地图重造还是地图的山水表现：宋代〈长江万里图〉中巴蜀地名与形胜区位考》，蓝勇主编：《中国图像史学》第2辑，科学出版社，2021年，第1—40页；Julie C. Orell, *Picturing the Yangzi River in Southern Song China (1127—1279)*, Dissertation: The University of Chicago, 2011, pp. 72—115.

"张飞庙"又称"张益德庙"，《舆地纪胜》称其"临岷江"①。清末，因修建街道而在长寿城外河街的泥土中挖掘出北宋崇宁四年（1105）郫县人张楚民所撰《西乡侯碑记》，其文称："蜀西乡侯张翼德祠，在涪州乐温涂暨之南。负冈俯江，丛木蔚茂，舟人往来，敬祀羊豕，鼓箫管籥，日有事于祠内……（崇宁）甲申岁五月，余赴巴陵，水方悍激，过祠下而祷焉。"②可见北宋乐温县城已在河街。商旅进出峡路，泊于城下，往往谒庙拜祭张飞，"奔走奉事，敢不虔至"③，以祈保平安，甚而有人至此求子并移植其中枫树栽种于家乡的张飞庙外④。

事实上，宋元时代的乐温县治于长江边，在其他传统文献中亦可见端倪。元至正三年（1343），乐温县在城西重建文昌祠，涪州达鲁花赤拜都记其事曰："涪州属县曰乐温……下临大江……（祠）下临深溪，俯视居民，于一方之雄观，实祈福之圣地。"⑤则县城彼时显然已在江畔，且百姓众多。《舆地纪胜》涪州"景物下"载："铜鼓山，在乐温县北一里。"⑥铜鼓山又称铜鼓坎，是凤山的半山腰，南面即长江，其名称历明清而延续至今，则乐温县城即在河街。卸任四川制置使的范成大于南宋淳熙四年（1177）自成都乘船顺流而下，过恭州（治今重庆渝中区）后，下一站即"至涪州乐温县，有张益德庙"⑦，并作诗称其为"城郭廪君国"⑧。范氏一路沿江而行，从未深入距江数十里开外的州县城，而且也并没有充足的往返时间。观其所记，若在非治所处停泊，必载明具体地名，故其所称"乐温"定是该县县城。又绍兴、乾道年间，晁公溯长期在涪州、眉州、成都等地为官，江行往来，曾泊于乐温江边，有《乐温舟中作》一诗⑨。上述诗文均反映出宋元乐温县城位于江畔，治于今长寿河街一带的事实。

正是因乐温县城据江路要津，中转贸易颇为可观，因此受到商贾重视。熙宁十年（1077）所收商税2329贯，同样设置于武德初、与之毗邻而地处山间的温山县则在数年前被废为镇，商税仅10贯有零⑩。因而，绍兴年间，资中人李处和往来于江、汉沿线，"贾于荆、襄、巴、夔之间"，成为巨富后，选择"定居于涪之乐温"⑪。前述拜都又称乐温"舟楫辐辏，富商大贾征利其间，实人民之要会，市易之渊薮"⑫，并非虚饰。

进一步考察可知，与乐温县的设置差不多时，武德元年（618）、二年还毗邻设立了温山、永安两县，并置南潾州以统之。据《元和郡县图志》载："乐温县……因乐温山为名，在县南三十

---

① （宋）王象之原著，李勇先点校：《舆地纪胜》卷174《涪州》，四川大学出版社，2005年，第5090页。
② 民国《长寿县志》卷14《金石》，民国三十三年铅印本。
③ 万历《四川总志》卷26引宋安刚中《张飞庙记》，明万历九年刻本。
④ （宋）洪迈撰，何卓点校：《夷坚志·三志》壬卷7《张翼德庙》，中华书局，1981年，第1516页。
⑤ 成化《重庆府志·祠庙》，明成化间刻本。
⑥ （宋）王象之原著，李勇先点校：《舆地纪胜》卷174《涪州》，第5086页。
⑦ （宋）范成大撰，孔凡礼点校：《范成大笔记六种·吴船录》卷下，中华书局，2002年，第214页。
⑧ （宋）范成大著，富寿荪标校：《范石湖集·诗集》卷19《大热泊乐温有怀商卿德称》，上海古籍出版社，2006年，第268页。
⑨ （宋）晁公溯：《嵩山集》卷7，《景印文渊阁四库全书》第1139册，台湾商务印书馆，1986年，第41页。
⑩ （清）徐松辑，刘琳等校点：《宋会要辑稿·食货一六·商税二》，上海古籍出版社，2014年，第6339页。
⑪ 《永乐大典》卷7241引冯时行《李处和稽古堂记》，中华书局，1986年，第3008页。
⑫ 成化《重庆府志·祠庙》，明成化间刻本。

里。"①又《太平寰宇记》载："乐温山，在（乐温）县南四十八里。溶溪水，源出（乐温）县理北，南流经县东，又南至废永安县东北二里注大江。"②乐温山，宋人安刚中称其"下瞰大江"，前述张飞庙在山下，"公之神爽，实是寓焉"③，则当为今长江北岸的凤山。溶溪水，又作容溪④、容溪水⑤，今名龙溪河。可见，初置时的乐温县城并不在江边，而在溶溪下游的西岸，南距大江三四十里，当如《中国历史地图集》所定，在今邻封镇⑥。永安县治的位置非常明确，邻近龙溪河口。又《通鉴地理通释》引唐代《括地志》曰："阳关，今涪州永安县治阳关城也。"⑦阳关城，即在今长寿城区以东的长江北岸，居于桃花溪和龙溪河之间，今名关口村羊角堡⑧。"羊角"的四川方言发音近似"羊郭"⑨，当为"阳关"之音转，亦反映其形势如角一般凸入江中。据笔者实地考察，这里是走马岭的西南端，绵亘而来伸向江心，东南面是黄草峡，西北面是今长寿城，两方视野开阔，今建有航行信号塔和信号站，表明其对于河道和行船具有重要意义。这一点也可从《舆地纪胜》的记载中得到证实："阳关。距乐温县五里，江口狭处有栈道。遗俗传以为张、王战地，其上屯驻，旧基存焉。"⑩"江口"即指黄草峡峡口，一方面再次印证上节所述宋代乐温县城已在今长江边河街一带的事实，另一方面可知永安县设治于阳关城乃是出于控扼交通的需要。

永安县"地连庸蜀，俗号蛮夷"⑪，其命名反映出唐初对当地社会形势的期许。随着政权的稳定和治理的深入，该县于开元二十二年（734）因"民以为非便"而并入乐温县⑫。不过，这也使得其上下游的渝州、涪州间水路里程达340里⑬，岭谷相间、滩碛相接，成为长江交通的薄弱环节，接管此段大江的乐温县实有迁治江边的必要。虽然文献并未明确记载，但我们看到，自唐中期起，县城移于便利之处逐渐成为趋势。特别是开元中后期的10余年间，与乐温同属山南西道的铜梁、金

① （唐）李吉甫撰，贺次君点校：《元和郡县图志》卷30《涪州》，中华书局，1983年，第739页。
② （宋）乐史撰，王文楚等点校：《太平寰宇记》卷120《涪州》，中华书局，2007年，第2393页。
③ 万历《四川总志》卷26引宋安刚中《张飞庙记》，明万历九年刻本。
④ （宋）王存撰，王文楚、魏嵩山点校：《元丰九域志》卷8《夔州路》，中华书局，1984年，第368、370页。
⑤ （宋）乐史撰，王文楚等点校：《太平寰宇记》卷149《忠州》，第2890—2891页；（宋）王象之原著，李勇先点校：《舆地纪胜》卷179《梁山军》，第5213页。
⑥ 据民国《长寿县志》卷3《地理部》载，邻封场在城东北五十里，仁和场在城东北一百里（民国十七年石印本，第4—5页）；《四川省长寿县地名录》称距县城22公里（四川省长寿县地名录领导小组办公室编印，1986年，第44页）。
⑦ （宋）王应麟撰，张保见校注：《通鉴地理通释》卷10《七国形势考下》，四川大学出版社，2008年，第338页。《括地志辑校》卷4《涪州》称是"《玉海》卷十'楚扞关'引"（中华书局，1980年，第231页），笔者遍查《玉海》版本，均未见，或是辑者因两书作者相同而误注书名。
⑧ 国家文物局主编：《中国文物地图集·重庆分册》（上），文物出版社，2010年，第163页。
⑨ 梁德曼：《四川方言与普通话》，四川人民出版社，1982年，第211页。
⑩ （宋）王象之原著，李勇先点校：《舆地纪胜》卷174《涪州》，第5085页。
⑪ 吴钢主编：《全唐文补遗》第2辑《唐故涪州永安县令轻车都尉乐君（善文）墓志铭并序》，三秦出版社，1995年，第92页。
⑫ （宋）乐史撰，王文楚等点校：《太平寰宇记》卷120《涪州》，第2393页。永安县被废的时间，有开元二年（《太平寰宇记》卷120，第2393页；《舆地纪胜》卷174，第5089页）、二十一年（《舆地广记》卷33，四川大学出版社，2003年，第1023页）、二十二年（《新唐书》卷40，中华书局，1975年，第1030页）诸说。开元十八至二十三年间，山南西道曾置废数县，反映本地区这一时段的施政倾向，而开元初则未见有此现象，永安县更可能废于开元二十二年左右。
⑬ （唐）李吉甫撰，贺次君点校：《元和郡县图志》卷30《涪州》、卷33《渝州》，第738、854页；（宋）乐史撰，王文楚等点校：《太平寰宇记》卷120《涪州》、卷136《渝州》，第2391、2660页。

牛、仪陇、伏虞、大寅等数个县及蓬州纷纷迁治，去山就川，"去险就平"，以适"津要"①，具有明显的趋势性，体现出转变治所功能的施政倾向，乐温移治江畔亦当是这一潮流中的举措。但与此前的永安县治有所不同，乐温县治显然并未迁于军事功能为主的阳关城，而是设于5里之外②、桃花溪西岸较为开阔的濒江居民区一带，为其发挥中转贸易功能提供了地理基础，历宋元明清，一直沿用至清嘉庆四年（1799）因避白莲教起义而迁往凤山之上为止。

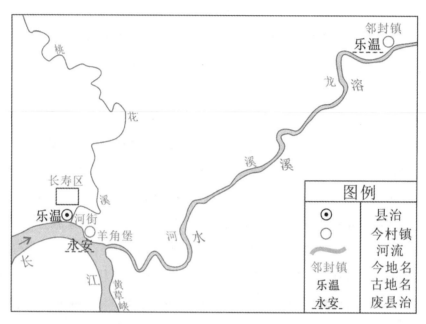

唐代乐温迁治示意图

二、三倒拐街的沉与浮

三倒拐古街全长2.5公里，由三倒拐街、和平街两条主街组成，另外还有八角井和武厢两条支路。三倒拐街上下高差165米，石梯3000余级。据长寿本地人士陈俊梁介绍，三倒拐古街的石板大道，沿山就势而成，时而陡峭，时而平缓，整条街蜿蜒曲折，要转三个急弯，因此得名"三倒拐"。当地还有"爬三倒拐通身汗，下三倒拐脚打战"的俗语。三倒拐街的出现与清中期长寿迁城，有不可分割的关系。

长寿迁城前，河街旧城是全城的政治、经济、文化中心，十分繁荣。大约在明代中叶，开始建

---

① 开元十六年，铜梁县"移于东流溪坝上"（《太平寰宇记》卷136《合州》，第2658页）。十八年，金牛县移至白土店，"南临东汉水，西临陈平水"（《太平寰宇记》卷133《兴元府》，第2616页）。二十六年，仪陇县自金城山顶"移于山下平溪"（《太平寰宇记》卷139《蓬州》，第2711页）。开元末，原治于山顶的伏虞县因"百姓请去险就平，遂西南移于消水侧置县"（《太平寰宇记》卷139《蓬州》，第2712页）。而大寅县"旧治斗子山，后移治斗坛口"（《旧唐书》卷39《蓬州》，中华书局，1975年，第1537页），北临流江水，未几改名蓬池县，蓬州也于开元二十九年移治此县。天宝元年，还将三泉县城移至"嘉陵江东一里关城仓陌沙水西"，"路当津要"（《太平寰宇记》卷133《三泉县》，第2619页）。

② （宋）王象之原著，李勇先点校：《舆地纪胜》卷174《涪州》载："阳关，距乐温县五里。"（第5085页）

造后街和上后街，也就是现在的和平街。清中期，因白莲教起义的影响，长寿县治由濒江的河街迁往凤山上，"前临陡岩，后拥重冈"①。迁城虽起到了因山踞险的作用，但凤山山高路陡，离长江较远，在货物运输主要依靠水路的年代，这显然不利于经济发展。到达河街时，我们发现凤山地势远比想象中还要复杂，凤山与河街之间上下高差百余米，且陡崖遍布。直到民国时期，地势依旧是凤城内商业发展的阻碍，"县距大江五里，山高路陡，商旅稀来城市内"②。而河街则因其紧邻长江的优越区位条件和良好的商业传统，依旧承载着迁城后长寿经济中心的职能。当时河街商业贸易繁荣，许多货物都经由河街码头转运。乃至位于河街的学宫，也因"地近尘嚣"而被邑士议迁③。为了方便新旧城之间人员往来和货物运输，遂修建了三道拐的上半部分，与明代修建的上下后街相连，由此形成了今天全长2.5公里的三道拐古街。

初夏，晴雨不定，我们刚到三倒拐古街入口时，便下起了淅淅沥沥的小雨。好在并未对考察造成太大的影响，反倒为此行平添了些许诗意。古街入口新修了一组三个木质结构的仿古亭阁，正好与三倒拐名称相呼应。走进古街，首先映入眼帘的便是一家装饰一新的餐厅，现代痕迹十分明显，与街道古朴的整体风格相比显得较为突兀。沿着石板路再往前行进，我们发现三倒拐古街现存建筑的年代大都为晚清至民国时期，基本上都以穿斗结构为主，辅以抬梁结构，小青瓦面，屋顶为悬山式和歇山式相结合。三倒拐现存有善堂、邓周洋楼、孟家院子、刘伯伦公馆、左家院子、李绍华洋楼等60多个古院落，依稀能从这条古街建筑中窥见三倒拐曾经的繁荣。不过，与入口处情景完全不同的是，古街两旁房屋大都破损严重，仅几户有人住的院落建筑情况相对较好。其余不少房屋都已倒塌，被杂草霸占。未倾颓的建筑也有不少年久失修，沦为危房，保护情况实在堪忧。

三倒拐街破败的情形，让我们不禁思考，三倒拐街因何兴盛，又因何而没落？我们发现三倒拐街与河街不仅地理位置相邻，在某种程度上两者还命运相连。三倒拐街的出现得益于迁城后河街旧城的重要地位，三倒拐街的繁荣，亦是长寿迁城后河街旧城经济繁荣的一个缩影。

三倒拐街建成后成了新旧城之间一条重要的交通运输通道，也是长江岸边通往长寿城内以及垫江、梁平、邻水、大竹、涪陵等地的必经之路。水路经长江上可至重庆，下可达湖北宜昌、沙市等地。因客商往返、物资进出，三倒拐内茶馆酒肆、盐糖杂货、手工作坊等各行

三倒拐

---

① 光绪《重修长寿县志》卷10《艺文·记》，清光绪元年刻本。

② 民国《长寿县志》卷2《建置上·城市》，民国三十三年铅印本。

③ 光绪《重修长寿县志》卷4《学校·学宫》，清光绪元年刻本。

业应运而生。到民国时期，河街凭借繁忙的码头繁荣一时，三倒拐也愈发人烟繁盛。民国三十三年《长寿县志》记述："时有三倒拐共二里，与新街、长乐街、下后街、上后街、鱼市街相通，皆相连接由城至江岸码头之大道。"①当时长寿本地的大米、山林土特产等都要经过三倒拐街转运至河街对外出售，长寿城所需的盐、糖、花纱等百货也需要经三倒拐转运②。 抗日战争时期，沿海工业内迁，三倒拐街也开始有了工业，当时新友纱厂等均位于街上。听当地老人讲，最繁荣时，三倒拐有面粉厂、盐、茶、酒等店铺共100余家，小摊小贩遍布，店铺林立。也正因此，三倒拐街成为抗战时期重庆三大后勤后备保障基地之一，为重庆提供了大量的粮食、蔬菜、肉类等保障物资。三倒拐原有一座武庙，抗战时期曾作为国民政府第十一陆军医院③， 专门接受在前线负伤的军人，那时从前线下来的伤员治好伤后有的就定居在了三倒拐，至今都仍有人健在。中华人民共和国成立后，三倒拐古街依旧十分繁华，有卷烟厂、布鞋厂、照相馆、川剧院等。此外一些行政、工商机构一度也设置在三倒拐，例如城关镇政府、长寿县手工业局、城关医院、河街派出所等。

20世纪80年代以后，三倒拐街逐渐开始没落，三倒拐街的衰落亦是河街经济衰落的一个投影。同一时期，河街也逐渐退出了长寿经济中心的位置。其主要原因是交通方式的迭代，使河街不再具备优越的区位条件。20世纪90年代后，长寿先后建成渝长、长涪、长梁3条高速公路。高速公路通车以后，水上运输量急剧下降。长寿县水上运输有限公司仅2001年就亏损了63.58万元④。交通方式迭代，水路交通的重要性逐渐让位于公路交通，"城市建设的核心区开始向交通发达的枢纽地转移，道路交通决定城市的发展方向"⑤。 高速公路建成通车后，不断吸引河街及沿江的生产要素集中于高速公路两侧，有助于高速公路产业带的形成，进而又改变了长寿的经济空间格局与城市发展方向。90年代末长寿启动新城区建设，先后建设了黄桷湾新区、清静庵开发区、骑鞍开发区。另外，到1984年除县供销社以外，其他位于河街的工商机构也均迁入城内⑥。 总体来看，整个城市形态呈现出愈发明显的北向发展趋势。这一点，也得到了三倒拐街居民的印证。我们在向当地人询问关于三倒拐街的历史变迁时，一位老人谈到，"以前三倒拐、河街一片十分繁荣，住户也多，逢'赶场天'更是人山人海。现在不行了，人都走完了，都搬去新城了"。人口转移方向是城市发展方向的一种表征。

另一方面，长寿向北发展与三峡工程建设也有一定关系。20世纪50年代起关于三峡工程建设的讨论便已开始，由于工程长期未落地，出于安全和节省财政开支的考虑，60年代末开始，长寿县就严格控制河街建设，逐渐搬迁人口和企业。1989年三峡工程坝前蓄水位175米方案可行性报告通过，按照这一方案，"长寿淹没陆域面积8.7平方千米，涉及多个乡镇，及河街半座县城，30家工矿

---

① 民国《长寿县志》卷2《建置上·城市》，民国三十三年铅印本。
② 四川省长寿县地方志编纂委员会：《长寿县志》，四川人民出版社，1997 年，第717—718页。
③ 四川省长寿县地方志编纂委员会：《长寿县志》，第443页。
④ 重庆市长寿区地方志编纂委员会：《长寿县志》，西南师范大学出版社，2007年，第338页。
⑤ 刑忠、陈诚：《河流水系与城市空间结构》，《城市发展研究》2007年第1期。
⑥ 长寿县城关镇志编写组：《长寿县城关镇志》，内部发行，1985年，第92—93页。

企业，直淹人口7119人"[1]。河街近乎一半的面积被淹没，包括淹没区在内的许多居民逐渐搬离了河街。三峡库区蓄水后，河街沿江地带存在滑坡、塌岸等隐患以及消落带等生态环境问题。河街的生活环境和商业环境都受到影响，成为其经济发展无法回避的问题。我们在河街新桥附近采访当地老人时，得知三峡水库未蓄水之前，在桃花溪河口，新桥附近设有沿河场市，主要交易农副产品，十分热闹。库区蓄水后，新桥已被拆除，如今仅剩残存的桥墩依旧矗立在河口。

此外，河街面积有限，仅两平方千米左右[2]。随着经济社会发展，长寿城市化进程加快，在人口增多和城市建设用地需求增大的情况下，面积广大的北部地区，显然才是城市发展更佳的选择。

城市向北，加速了河街与三倒拐街的边缘化。20世纪80年代后，经济中心转移至城内和桃花新城，三倒拐同河街一道完全冷清下来。回过头来，我们与其说三倒拐街的出现与繁荣是得益于迁城后河街的重要地位，不如说三倒拐街和河街的繁荣都得益于彼时繁盛的长江水运。三倒拐街与河街命运相连，同时，二者的命运又注定与长江水运的兴衰相连，也必将随着长江上游水运交通的没落而没落。只是同不该被遗忘的古老长江航道一样，历史悠久的河街与三倒拐街同样不该被遗忘。

淅沥的小雨，破败的古街，让一行人心中不免沉重了起来。出发前我们曾在网上查阅三倒拐古街保护情况的相关资料，知道大概情况不是很好，但当实地看到一座座倒塌的古建筑，看到一个个危房警示牌时，内心仍难免五味杂陈，感慨万千。三峡水库蓄水后，古老的河街有将近一半已没入滚滚长江，街区风貌亦在历史长河的洗刷中几易其貌。万幸的是三倒拐古街较为完整地保存了下来，它见证了长江水运的兴衰，见证了清中期到民国山城建筑的发展，见证了长寿在抗战时期的贡献，见证了长寿的百年风云。它是巴渝市井文化、民俗文化、码头文化、三峡文化的缩影，小是现存不多的最具山城韵味的老街，是长寿母城记忆的核心纽带，是连接长寿城过去与现在的脉络。2013年三倒拐古街入围"中国历史文化名街"15强，同年公布为长寿区级文物保护单位。2019年获首届重庆最美历史文化古迹奖，同年挂牌为重庆市级历史文化街区。但其保护却较为滞后。2006年，长寿区委托重庆大学对三倒拐保护进行更新设计。长寿区政府对三倒拐古街也采取了相关保护措施，2018年完成了对三倒拐示范段修缮保护工作，2022年将三倒拐历史文化街区保护利用工作申报纳入长江国家公园（重庆段）建设项目。但我们实地考察发现，三倒拐古街保护规划状况依旧存在许多问题，整个古街目前仅在入口处做了示范性修复，余下的街道几乎未做任何修缮，整体保护状况十分堪忧，已有不少房屋倒塌。

踏着青石板路继续往前，我们在古街中部一处红砖砌成的现代房屋前遇到了一位张姓老人。与其交谈后方才得知，由于三倒拐建筑大多为木质结构，且鳞次栉比，山城夏季易发火灾，火情若得不到及时控制，很快便会蔓延开来。加之三倒拐特殊的地势情况，大型救火设备难以进入，一旦失火，救援便是很大的难题。老人谈到，她原本的房屋就是在几年前的一次大火中被毁。后来有关部门对其进行了赔偿，在原址上重建了如今红砖外墙的建筑。对此，老人满是遗憾，她说这样的修

---

[1] 重庆市长寿区地方志编纂委员会：《长寿县志》，第747页。
[2] 重庆市长寿区地方志编纂委员会：《重庆市长寿区志》，第156页。

八角井

复太简单粗暴，完全没有考虑融入街区整体风貌的问题。如今，老人在房前屋后栽种了许多花草，她希望人们在走过她门前时，不只是一眼注意到突兀的建筑。当问及对古街保护现状的看法时，老人表示对目前古街保护情况十分担忧，"几辈人住过的老街了，不能毁在我们这一代人手上啊"。谈及对古街开发利用看法时，她说不希望古街被完全商业化，希望这些古色古香的建筑能好好留存下来。这位老人的想法，应当是每一个三倒拐古街居民的心声，更是古街保护规划过程中亟须解决的问题。未来留给我们的，是思考如何更好地保护和利用三倒拐古街区，去讲述和传承好长寿的历史，而不是任其在风雨中飘摇。

与老人道别后，考察组一行继续剩下的行程。水，生活之源泉。三倒拐的繁荣，离不开一个重要因素，那就是水。井水，深藏于地，凿而外涌，长期以来，是三倒拐居饮用水的最佳选择。而八角井，则是三倒拐居民饮用井水的代表。从武厢门李家洋楼的岔路口沿西岩观方向顺小道西行约300米，离缆车轨道不远的地方，就是八角井。八角井起源何时，已无法确切考证。长寿文史界有一种说法，认为宋代乐温县的"双泉堂"即是后来的八角井。查阅史料发现，北宋末年重庆籍官员冯时行确实撰写过一篇《稽古堂记》涉及乐温的双泉堂：

资中人李处和，自少传其家学，为诸生。年三十余未连，且甚贫也，乃出将，而其平生故人亲戚稍资业之，因贾于荆、襄、巴、夔之间，不十年而其利百倍。既富，则慨然曰：是故吾之权道，岂其初心哉！吾年幸未甚大，三子长，宜有以为训。乃毁其舟车，定居于涪之乐温，葺斋馆，益市六经百家、历代史传。阖门不出，日以读书教子为事。始作室时，颇斸山为基，有二泉出于基之侧。既成，则命其堂曰双泉。堂之前为屋五楹，彻户牖东向，命之曰东斋。会予负罪归耕，与处和相近，未逾月而一再过之。升其堂，喜其清洁严净，有山人处士之趣……①

有关说法认为，《稽古堂记》所描写的居于半山、双泉饶室的情景与八角井一带的风物有形神之似。八角井附近确实还有"后井"这一小地名，会不会南宋时期的李处和居住的双泉堂就在今天的八角井一带呢？假设这种情况成立，八角井位于半山之上，背山面水，远望长江风光甚好。冯时

---

① 《永乐大典》卷7241引冯时行《李处和稽古堂记》，第3008页。

行又是一届状元，能文能诗，现仍有《缙云文集》存世。这样一个文人，在描述友人所居环境时，却对近在眼前且风光甚好的江景只字不提，这似乎不太合理。故前文的假设应当不成立，《稽古堂记》中描述的双泉堂应该不会在今日的八角井附近，说二者有联系略显牵强。

八角井的得名是因其井台呈八角形，我们考察时发现，如今井台已近乎圆形，可见其使用时间应该相当长。井深大约10米，井底呈碗状，水源应该是从铜鼓山潜流而来。三倒拐街地势较高，引河水有诸多不便，八角井在很长时期内都应该是三倒拐附近居民的主要饮用水源。从八角井支路返回正街，与一位老人交谈，也证实了我们的推测。他说，即便三倒拐通上自来水后，八角井依然是不少居民生活用水的来源。八角井对面的大路坎上，还有一排顺列的洗衣槽。自来水未接通之前，许多居民都在此淘菜洗衣。如今，虽周边人烟稀少，但井周围依旧干净整洁，井水依旧清澈。

三、西岩观缆车

三倒拐街的沉寂除主要受到长江水运萧条的影响外，还与西岩观缆车修建有关。三倒拐街虽起到了连接河街与城内的作用，但山高路陡，行路艰难，且距离较长，人员往来，货物运输多有不便。为便利城区与河街两地居民的生产生活，长寿政府于1964年兴建了西岩观缆车。缆车上起城内火神巷车家巷，下至河街口，全长284米，两条车道相向运行，在轨道中间交错。在长寿高速公路未通车之前，由于很多人需要到河街码头乘船，西岩观缆车遂成为连接城区与河街的交通纽带，彻底改善了城河两地交通不便的状况。城内与河街之间有了便捷的交通工具，三倒拐街的人流迅速减少，很快便成了"背街"。

随着河街水运交通量的减少和经济中心的转移，西岩观缆车也在长寿交通格局中逐渐边缘化，交通功能逐渐减弱，但它始终是许多长寿人难舍的情怀与记忆。如今西岩观缆车是重庆市境内唯一存留的缆索铁路，也是国内轨道最长、坡道最陡、运行时间最长的地面客运缆车，它也正在逐渐成为长寿一张响亮的旅游名片。而今，西岩观缆车实行免费乘坐，我们等了几分钟缆车便缓缓启动。对于在平原生活惯了的我们来说，在山城坐缆车是一种十分新奇的体验。如果天气好，坐在缆车上，放眼望去，长江两岸的秀美风光，三倒拐古街的古风古貌，都可尽收眼底。但运气不佳，我们此行恰好碰上阴雨天气，只得欣赏烟雨中的江景了。

四、桓侯宫

从河街向东行，过龙溪河口，不久便可到达桓侯宫。桓侯宫，又名桓侯庙、桓侯祠。前文已经提及《舆地纪胜》载有"张益德庙"，南宋安刚中撰文记之，北宋人所撰《西乡侯碑记》称"张益德祠"，当在河街西街一带。又有雄威庙，在长寿县东数里。则张飞庙和雄威庙乃是不同的两个庙宇。不过，或许因受白莲教起义的影响，加之随后的迁城，河街的张飞庙日益破败，而县东的雄威庙亦祀张飞，逐渐取代前者，甚而在方志的相关记载中将两者相混淆。

今存的长寿桓侯宫，由山门、正殿、横殿、配殿、玉皇楼和茶楼、膳房等组成。桓侯宫东南临长江石壁上，邑人赵铸于清乾隆二年镌刻有"桓侯不语滩"5个大字[①]。

我们到达桓侯宫后发现其山门位置很有特色。山门和上山门的石级，不在庙宇建筑的正中，亦不与庙宇建筑成垂直或平行状，而在庙宇西南侧的一旁，呈东南倾斜状。可以发现，长寿桓侯宫的建筑布局，打破了一般纪念性建筑对称严谨的规律，充分利用了山地自然条件，整体建筑依山面江展开，极具浓厚的山城建筑特色。山门整体呈"山"字形，正中刻有"桓侯宫"三个大字，两侧为石柱门槛，刻有"精心壮志于今为烈，忠肝义胆振古如兹"的楹联，横联"蜀汉正统"。进入山门

桓侯宫

后，向右过几级台阶，便是桓侯宫的主体建筑——正殿，正殿面阔三间。据桓侯宫道长讲，正殿原是三层飞阁重檐，1972年拆除了一层，现在为两层，原来的飞阁亦不复存在了。正殿两侧木柱上，书有"水势西流犹顾蜀，江风东下直吞吴"的楹联，横联"威震巴江"。正殿正中，塑有3米见高的张飞塑像，豹头环眼，燕虎须，怒目圆睁，左手按膝，右手挥拳，端坐正中。其塑像神态威武刚严，栩栩如生，活现张飞勇猛、刚直、威武、豪爽的性格。现在的塑像为后来仿塑。正殿右边是财神殿、观音殿，左边是王爷殿、川主殿、文昌殿，上面是玉皇楼。与道长交谈得知，桓侯宫现在存在保护经费不足的情况，致使部分建筑损坏后无法得到及时修缮，导致如今桓侯宫整体面貌较为破落。

五、定慧寺

在河街以东的桃花溪东岸有定慧寺。定慧寺原名定慧院，至今关于定慧寺最早的记载是南宋文学家晁公溯所写的《定慧院记》。从中我们可以发现，定慧寺的创建并非是纯粹的宗教目的。当时乐温民间有"尚鬼而淫祀"的习俗，"有疾则谢医却药，召巫师刲羊豕以请于神，甚者用人为牲以祭；不可，则云神所谴，弗置也。即卧不食，俟期以死。世祖传为常，不之怪，而吏亦不能禁。是以一方大蒙其害，民用鲜少，生字不蕃"。这样的陋习，为害一方。加之当时定慧寺"其见以律自名，用此以却四方之士，而保其环庐之田，以庇其室，至于长子孙而袭居焉。非徒不能化其民，而

---

① 三峡水库蓄水后，此五字已被淹没。

又甚之也"[1]，无法发挥寺庙教化民众的作用。因此，宋孝宗淳熙十二年（1185），郡守向上请求令吉祥寺主持了鉴统一管理定慧寺，改定慧寺律宗为禅宗，即"易律而禅"。了鉴同时还对定慧寺进行了大规模的修缮，使定慧寺气象一新，风气一变。明代定慧寺曾是长寿县僧会司所在[2]，清代为长寿县"习朝贺之所"[3]。明末定慧寺毁于战乱，清康熙朝得以重建。

定慧寺

定慧寺还与中国水电发展有莫大的渊源。1938年龙溪河水力发电工程处在定慧寺成立，到1956年7月长寿发电厂总部（原龙溪河水力发电工程处）搬迁到邻封，在这近二十年的时间里，中国水电事业史上许多重大决策都发生在定慧寺。在这里，老一辈水电专家们决策开发了中国第一条全流域梯级开发的河流。1944年，关于长江三峡最早的设计方案《扬子江三峡计划初步报告》，即著名的"萨凡奇计划"就诞生于定慧寺。1945年抗日战争胜利后，国民政府在定慧寺设立全国水力发电工程总处，成为当时中国水电事业的指挥中心。在这近二十年间，定慧寺不仅见证了中国水电事业的成长与发展，也为国家培养和输送了大批水电建设人才。从这个层面说，定慧寺是中国水电工业的里程碑和历史地标似乎也不为过。但由于保护工作的滞后，定慧寺多数建筑损毁十分严重，2015年长寿政府启动定慧寺复建项目。如今我们看到的定慧寺多数建筑均为2015年时复建。

六、结 语

民国十七年的《长寿县志》言及县城之迁移时称："古时城邑往往退处堂奥，后世风气渐开，始知交通之利，乃出争门户。"[4]占据门户，利用交通的便利，是诸多城池迁移的原因所在。长寿县城由腹地而至河街，即体现出这一趋势。其又由河街而迁凤山，是应对动乱的举措，并造成政治中心与经济中心的分离。在清代后期至新中国建立初期，依旧依赖河街的运输便利和贸易生计，难以取舍。及至公路建设日渐完善和长江三峡工程动工，最终放弃濒江河街，一心致力凤山之城，在建设方面亦领先于其他旧城淹没而搬迁的县城。城市功能的时代需求于此可见。

新旧城的转换也造就了三倒拐这条长长的"脐带"——凤山新城与河街母城相连，得以发展

---

① 晁公溯：《嵩山集》卷50《定慧院记》，《景印文渊阁四库全书》第1139册，第227页。
② 成化《长寿县志》不分卷《寺观》。
③ 光绪《重修长寿县志》卷5《祠祀·寺观附》，清光绪元年刻本。
④ 民国《长寿县志》卷2《地理》，民国十七年石印本。

壮大。河街旧城不断为新城输送"养分"，不仅成为其经济发展的基础，亦是长寿母城文化的发源地。其周边的二倒拐、定慧寺、桓侯宫等历史遗迹，亦是长寿母城文化的重要组成部分。尤其是三倒拐，其街区传统风貌保存较为完整，是长寿"母城"记忆仅存的精髓所在。母城文化是城市文化的底蕴，城市在追求经济发展的同时，不应该忽视其文化脉络的传承。对前述文物建筑及历史建筑的保护规划，不仅要从思想层面予以足够重视，在实施层面也要及时跟进、科学分类、合理保护。此外，还应注意与周边三洞沟峡谷、西岩观缆车、白塔等景观进行联动。在保护与传承城市历史文脉中，打造以母城文化为核心的城市文化品牌。

湖南桂阳县矿冶遗址考察及相关历史问题研究[①]

蔡 群

作者简介

蔡群，男，1991年5月生，湖北黄梅人，肇庆学院旅游与历史文化学院教师，从事历史经济地理研究。

　　矿冶业是湘南地区重要的传统产业。2016年"十大考古发现"之一的桐木岭矿冶遗址发掘，为湖南矿冶史研究提供了更多实证资料。为系统开展南岭山地矿业史研究，进一步梳理山地资源开发、流动及其与区域族群关系，2017年3月，我们针对桂阳县矿冶遗址及所在村落进行了系统性学术考察。

　　在考察前，我们进行了充分准备。首先，编制以《矿冶·聚落·交通》为主题的考察资料，包括考察日程、考察路线、考察点的基本地情、相关矿业史料等内容，除了随时备查，每天考察组根据考察所获，参照史料，集体阅读、讨论。其次，通过梳理公开资料，确定17个冶炼遗址点，将考察点落实到村庄尺度，根据交通环境，规划考察线路，主要对村庄进行调研，将考察村庄分成三大区块：西水河核心区、春陵水支流区和雷坪边界三村，依次考察。

　　考察中重点关注地理环境、交通、市场、村落等结构性的地理要素。考察方式除了直接观察外，主要以访谈、读谱、访碑等方式展开。考察过程按照中山大学历史地理研究中心田野考察工作流程进行，对所获资料详细编号、登录和整理。本次田野考察收集碑刻25通、族谱15部、访谈录音

---

　　① 承2023年肇庆学院校级科研项目"宋至民国肇庆府城空间形态演变研究"（编号：FW202302）、肇庆学院博士科研启动项目"近代湖南矿业开发及其生态响应研究（1895—1938年）（210081）"资助。

67段、地情资料7种。由于这一地区近年城镇化速度加快，地方文献和实物遗存保存情况不佳，大量矿冶遗址灭失，田野考古需求非常紧迫。

一、考察区概况及其历史经济结构

桂阳县现属郴州市，位于郴州市西，地处湖南省南部崇山峻岭之中，位居南岭山脉的北麓，南踞骑田岭，北枕大义山，南北高、中间低，境内散落着大大小小的"洞子"（山内平地）。境内河流大多由南往北流，境内的舂陵水、西水河都是西南—东北流向，成为桂阳北向交通的重要通道。

西水河风光，据采访，以前河边堆满了炼锌罐

近年，政府着力打造西水河沿河风光带，整个流域的村庄结构变化很大。例如新寨的几个自然村，几乎是推倒重建。我们在新寨村实地找到三处冶炼遗址，分别是河边的遗址、山上的巴茅豁和下坳岭。资料显示，附近还有王家窑遗址、双霞岭遗址，但考察中并未找到相关遗迹。

在西水河的走访，可以看出交通和燃料（煤炭）是影响这些矿冶遗址分布的重要因素。因此桂阳县东部的西水河（湖屯水）流域和桂阳县西部的舂陵水支流区域都有较多遗址分布。以新寨村遗址为例，河边的遗址主要借助水运之便，而山上的遗址则是以矿就煤。这一观察也得到清代文献印证，"野鹿滩为该州出炭之地……将圳水发运野鹿滩，就炭煅炼，似属妥便"[1]。虽然以矿就煤是一个重要原则，但冶炼点的设置也有交通半径的限制。这些矿石大多经由人力挑运，距离太远，难

① 《野鹿滩挤炼渣铜责成焦源河口专员巡查私禁》，《湖南省例成案》卷14，杨一凡编：《清代成案选编·甲编》第47册，社会科学文献出版社，2014年影印本，第251页。

免工本不敷，"炉户赴厂买砂，自三四石以至一二十石不等，原有一等穷民专以代挑得钱"①。

陈溪村位于桂阳北的雷坪镇的山区，与常宁、耒阳接界。这个村庄建筑是清代留存下来的，保留了较好的传统村庄形态，是家族聚居式的集村，前些年这片区域还延续着矿业活动，聚落空间与社会空间的形成都与矿业生产密切相关，是一个较好的研究样本。

陈溪新村古建筑群

桂阳县地处岭地，物产丰富，又当楚粤之界，处于华南经济区和长江中游经济区的交界地带，呈现出多样性的社会经济生产方式。清代本地已是农、林、牧、副、渔、矿多种产业的经济结构，农业和手工业相结合的多种经营形式②。"州居山谷间，民倚山为粮……陂塘之鱼，岁数千金。畦陇植蔬菜，水养芰菰，土宜秋菘，岁亦卖数百金，姜薯藕芋皆至千金。不至十里，疏材不可胜用矣……芦村以内及白水洞旁，伐木沤纸……桐茶取油……而论者注意矿场，煎银烹铅，皆甘心焉。州又饶信石、流磺、石炭之产，担通险岭，亦岁数千金。贫民负盐以为生者，近数万人，衡湘奔走，不可胜数。……织席必于临武，故临武草席名天下。其蜡货亦十万。自蓝山东北山谷，岁产茶油，利亦十余万。"③说明它是一个手工业、农副产业比较发达的地区。

通过比较民国时期当地物资流动的材料，我们会发现这种经济结构有着持久的稳定性。民国三十一年，全县输入的货物有食盐3万担，布4千匹和百货、南货、药材等；输出物质有矿产品2万担、茶叶1万担、土靛5万担、麦子2万担，烟叶、苎麻、茶油、红枣等1.2万担④。民国时期除了增加一些经济作物外，桂阳的经济结构并未发生大的变化。

从民国至今，湖南南部山区由于地理环境、社会经济、历史塑造的影响，交通动脉以南北走向为主。在前工业社会，陆路运力不足的情况下，水运成为大宗、重物运输的重要交通方式。流经桂阳县境内的舂陵水、西水河的西南-东北流路，上接岭南，下趋衡耒，成为沟通"岭南""南岭"与长江中游地区的重要纽带，"（桂阳）州翼带湘江，连属越峤，山川奇胜，甲于湖南，经营楚、粤间"⑤。

---

① 《办理矿厂各条规》，《湖南省例成案》卷12，杨一凡编：《清代成案选编·甲编》第47册，第53页。

② 傅衣凌：《中国封建后期湖南山区商品生产的一个实例》，《傅衣凌治史五十年文编》，厦门大学出版社，1989年，第270页。

③ 同治《桂阳直隶州志》卷20《货殖》，《中国地方志集成·湖南府县志辑》第32册，江苏古籍出版社，2002年影印本，第420页。

④ 桂阳县地方志编纂委员会：《桂阳县志》，中国文史出版社，1994年，第490页。

⑤ 顾祖禹：《读史方舆纪要》卷80《湖广六》，中华书局，2005年，第3789页。

春陵水中、下游多暗礁，计有大小险滩85处，其中最著者称为"十八滩"。十八滩具体是指观音滩、石窝滩、中庙塘、鲤鱼滩、欧官滩、点灯滩、谢洋滩、都官滩、老虎口、猫鱼口、大滩、煤滩、同仓湾、野鹿滩、黄牛滩、獐尾滩等十八处险滩[①]。据同治《桂阳直隶州志》载："二十里至黄田，十八滩之首也。从黄田至大滩，十有五里，并县湍回注，有同潆泷，大滩最高，估客恒改装步从岸过，下滩始登舟行。州人呼滩音作难之，难重舟出险，相竞报塞，然泷滩之恐重载商货。若游客宦士轻船独进，殊非三峡之险，州地贫僻，迁贮艰难，沉没一舟愁失数产。故惊涛眩，溅石危心。自昔相传号为巨险，滩上并有丁夫专助牵挽，亦资生之一途。"[②]

历代文人围绕着"十八滩"这一水文意象创造了众多文学作品。如明人刘方至的《十八滩赋》、清人邵玘的《桂阳十八滩行》、田元恺的《滩丁歌》、李人伟的《过大滩》等[③]。清人诗文描述大滩，"奔湍吼云根，雷闻十里远"，"滩户纷推挽，掳弱无适从，柁痴力难转，百夫牵竹缆，千钧一丝绾，岸石崩欲坠，危□山压卵，一滩如此难，十七滩可忖"[④]。这些文字虽然大多是在描述"十八滩"之险、过滩之难、挽舟之苦，但直接反映出，当时这条水陆之于交通的重要性，鲜活展现了繁忙的交通景象。"重舟出险，相竞报塞"不正是描述舟运之盛？"百夫牵竹缆"不正是表示当地依附水运为生人数之多？由此不难想见，当时春陵水上舟船不息、百夫拉纤的繁忙情景。

春陵水支流区也有溪流经过，但这条溪流不具备行船、放排的条件，以前这一区域依靠陆路和春陵水的渡口相通，最近的渡口位于何家村的何家渡。何家渡"位于浩塘乡何家村旁，始建于清初，南通丰加圩，北通余田、十字圩"[⑤]。在考察访谈时，意识到何家渡在这一片区交通节点上的重要地位，我们立即驱车赶往该渡口考察，在该渡口发现三块方柱以及一处1951年的摩崖石刻。可惜的是四方柱倒塌在地，部分深埋地下，无法翻动，只能看到露出地面的文字。现将相关录文整理如下：

考察组周峰清理碑面浮土，后方水泥平台地基很可能是中华人民共和国成立初期所建粮食仓库基址

① 桂阳县地方志编纂委员会：《桂阳县志》，第484页。
② 同治《桂阳直隶州志》卷21《水道》，《中国地方志集成·湖南府县志辑》第32册，第448页。
③ 乾隆《直隶桂阳州志》卷23《艺文·大滩》，《故宫珍本丛刊》第153册，海南出版社，2001年影印本，第393、403、411页。
④ 乾隆《直隶桂阳州志》卷23《艺文·大滩》，《故宫珍本丛刊》第153册，第400页。
⑤ 桂阳县地方志编纂委员会：《桂阳县志》，第484页。

四方柱一：

（1）

新置渡船田会名录于左

……

（2）

书房门首田十二担秋六升价三十□□□……

任山下田五担秋二升五合价贰十二千四百文

桃树下田八担秋四升价三十乙千贰百文

水窝田三担秋九合价十二千文

狗子抄田十四担秋四升二合价四十二千五百文

任山上田八担秋二升四合价二十六千文

四方柱二：

（1）

印山下晚田大小□丘计田亩一拾贰□□六升六合价……

千文逐年议租谷叁百六十斤

乌江井晚田一丘计亩五担秋贰升柒合五勺价去……

逐年议租谷壹百叁拾五斤

道观晚田大小叁丘计亩一十四担秋柒升价去四十……

年议租谷叁百柒拾斤

大井头晚田大小叁丘计亩一拾贰担秋四升价去贰……

逐年议租谷贰百捌拾斤

马鞍石早田贰丘计亩五担秋壹升价去四千一百文……

谷壹百斤　契文五纸俱在□首生员李光麒□

（2）

本村操提何□儒□□信□□本……

秋大贰斗壹升叁合五勺□官本饷银贰钱

叁分九厘

旨

乾隆四十二年岁次丙申季冬月廿七日之□

衡阳石匠王上矣　禺文　操提生员本村李似

兰沐手敬书

本村操提雷文　何□桂　鲤鱼塘何子□

何家渡倒入地下的四方柱

四方柱三：

初太宗曰守成难今……初本知……

其成……风雨欲其……

之事先人创……今人……

……村今日渡房之建言之亦无不可

智武公捐……雷智才阳中行各捐二百　本村雷□□撰书……

1951年摩崖石刻：

桂阳三区三合乡栗木村何伯寿在民国十八年间施渡田八担地名老炉下为着土改在即恐有不知特此设碑告楚。

人财两盛

一九五一年吉二月

根据不同柱石的规制和字体来判断，三根四方柱应该是同时期形成的遗物，其中一块已标明日期为乾隆四十二年（1777）冬月廿七日。该渡口因交通地位重要，清代就建成码头。县志资料显示码头"清咸丰七年（1857）建"[①]。通过碑刻可以知道，至少在乾隆四十二年该渡口就已存在。为维持渡船运作，施主舍田入会，创置渡船田会，以渡田租谷维持渡船运营。

随着商品经济的发展，民国时期该渡口益加繁荣，"河面宽100余米，水深1—3米，码头全长35米，宽2米……年均货物吞吐量20万担左右，何家渡村居民110户，大多从事码头装卸搬运。1951年的摩崖石刻则反映出土改前夕的紧张气氛，为了明确部分渡田的性质，特意刻石注明。1954—1955年，渡口新建粮食仓库两栋"[②]。1970年建成欧阳海水库，该渡口上下航运功能丧失，但目前仍保留渡河功能。

何家渡对岸的渡亭

春陵水、西水河由西南向东北，既是整合湘南岭地的重要流路，也是沟通楚粤的纽带。春陵水"上可沿溯到嘉禾、新田、蓝山，下可经常宁、耒阳入湘江，是衡阳、常宁等地通往广东星子、连州必经之地"[③]，所以湘粤交通和湘鄂交通都要走春陵水。清代湖南南部是粤盐销岸，因此春陵水也

---

① 桂阳县地方志编纂委员会：《桂阳县志》，第485页。
② 桂阳县地方志编纂委员会：《桂阳县志》，第485页。
③ 桂阳县地方志编纂委员会：《桂阳县志》，第1页。

是盐运的一条重要通道，从乐昌到星子埠，然后从星子埠再辐射到郴桂地区。本地茶叶、魔芋等土产则主要北运，"临蓝山原茶树弥望……贩运郴连……（魔芋）自衡湘以下，贫民以为羹，舟运至江汉之间"①。由于春陵水道过于艰险，有时商贩也会选择走西水河。"湖屯水又北流五里至八十担，始通舟运。旧贩米盐，避十八滩险，多道于此。"②西水河径流较小，运力有限，到八十担村，"始通舟运"。时人可能

现今何家渡的渡船

从货物性质、运输成本、运输安全性等多角度综合考量交通路线的选择。

到了民国时期，由于货物吞吐量的增多，水运的重要性仍非常突出。此时，虽郴桂公路已通车，但仍有约三分之一的货物通过春陵水航运。作为春陵水上最重要的码头之一，舍人渡码头在清末、民国时期向北输出"粮食、木竹、烟叶、生猪、茶油、魔芋、棉花、茶叶、食盐、陶器等货物"，"由北方南输的货物也多水运至此，再转陆运"③。

二、矿业传统与资源型政区的成型

桂阳地区的矿产资源很早就被开发利用，并且长期延续，形成了相对连贯的历史书写。汉高帝时设桂阳郡，桂阳郡"有金官"④，表明当时该地已有金属矿开发。唐代，政府对郴桂地区矿产资源加大了开采力度，郴桂地区发展成重要的铸币基地。唐元和三年（808）五月，盐铁使李巽上言："得湖南院申，郴州平阳、高亭两县界，有平阳冶及马迹、曲木等古铜坑，约二百八十余井。差官检覆，实有铜锡。今请于郴州旧桂阳监置炉两所，采铜铸钱，每日约二十贯，计一年铸成七千贯。"⑤从"郴州旧桂阳监"之文，可知之前该地曾设置过桂阳监，所以《新唐书》中有"复置桂阳监"的说法⑥。开采的矿种也不限于作为铜钱币材的铜锡，银矿开始受到重视。元和四年（809）六月，"敕五岭以北所有银坑，依前任百姓开采"⑦。

① 同治《桂阳直隶州志》卷20《货殖》，《中国地方志集成·湖南府县志辑》第32册，第431页。
② 同治《桂阳直隶州志》卷21《水道》，《中国地方志集成·湖南府县志辑》第32册，第462页。
③ 桂阳县地方志编纂委员会：《桂阳县志》，第485页。
④ 《汉书》卷28《地理志》，中华书局，1974年，第1594页。
⑤ 《旧唐书》卷48《食货上》，中华书局，1975年，第2101页。
⑥ 《新唐书》卷41《食货四》，中华书局，1975年，第1389页。
⑦ 《续通典》卷11《食货·钱币上》，文渊阁《四库全书》本，第5页a。

五代大宝四年（961）的崇福寺铜钟，高99厘米，底径52厘米，湖南省博物馆藏

但唐代的桂阳监并非实体政区，而是"桂阳监钱官"①，专门监管铸钱的驻地官员。到了五代，监官设置普遍化，政府在一些冶铁、炼银、铸钱、制盐等资源型地区均设监管理，后因监官职权坐大，有监理一县事务者②，监作为政区单位逐渐坐实。后晋天福四年（939），"割郴州平阳、临武两县人户属监"，"始比列郡"③，桂阳监的政区格局成型。

后晋天福年间的"天福征银"政策对当地的社会经济造成了重大影响。为了获取当地白银，政府规定赋税征收"不征谷粟只征银"，使得并非从事坑冶的百姓仍需将劳动产品交换成银，才可上税。卖炭翁哭诉"儿孙尽是卖炭夫，从小不谙烹采事。本户大小系七丁，只是卖银供纳税……四城炭入无人收，炭价转低银价贵"，反映的正是从事烧炭的人户卖炭置银，上交赋税的艰辛生活。宋太祖建隆三年（962），桂阳受南汉政权控制，当时桂阳监给桂阳城南的崇福寺铸造了一口铜钟。该铜钟现藏于湖南省博物馆，铜钟铭文云："大汉桂阳监敬铸铜钟一口，重二百五十斤，谨舍于崇福寺，永充供养。特冀殊因，上资国祚，次及坑炉，民庶普获利饶。大宝四年十二月二十四日，设斋庆赞讫。谨记。"可见当时矿冶业之于桂阳监的重要意义。

宋真宗景德三年（1006），蓝山"自郴州来属"，桂阳监始有属邑。宋高宗绍兴三年（1133），升监为军，领平阳、蓝山二县。绍兴十六年（1146）复置临武，桂阳军遂领平阳、蓝山、临武三县，平阳县"有大富等九银坑"④。宋代，桂阳矿业开采组织化，政府设"烹户"，专业从事坑冶的人被称为"烹丁"。元代为桂阳路，"至元十三年，置安抚司。十四年，升桂阳路总管府"⑤。领录事司及平阳、临武、蓝山三县。洪武元年为桂阳府，"九年四月降为县，省平阳县入焉。十三年五月升为州"⑥，领临武、蓝山。崇祯十二年，矿工刘新宇叛乱之后，分桂阳州之仓禾堡、析临武县地，置嘉禾县⑦。桂阳州遂领临武、蓝山、嘉禾三县。清承明制，于雍正十年，

---

① 《新唐书》卷41《地理五》，第1072页。
② 俞鹿年编：《中国官制大辞典》，黑龙江人民出版社，1992年，第653页。
③ 李昌宪著：《中国行政区划通史》（宋西夏卷），复旦大学出版社，2007年，第103页。
④ 《宋史》卷88《地理四》，中华书局，1977年，第2201页。
⑤ 《元史》卷63《地理六》，中华书局，1976年，第1531页。
⑥ 《明史》卷44《地理五》，中华书局，1976年，第1089页。
⑦ 《明史》卷44《地理五》，第1090页。

"巡抚赵洪恩奏改州为直隶州，改衡永郴道为衡永郴桂道，桂阳直隶州名定矣"[1]。桂阳直隶州领县三，即临武、蓝山、嘉禾。

清代桂阳直隶州的规模从宋代基本成形，后来虽有所损益，但规制基本不变。一个很重要的原因是直隶桂阳州属境内皆富有矿产，政府为加强管理，尽量将这些矿区进行整合，所以可以看到宋代"桂阳监"资源型政区的形成，"宋初冶场二百有一，而桂阳特置监"[2]。清代为加强矿务垄断统制，更是将桂阳州升为直隶桂阳州，同郴州一同受衡永郴桂道直接节制，郴、桂二州成为清政府铜铅币材供应的重要基地。

三、明清币政与湘南矿业的繁荣

明清铜钱铸造与金属冶炼技术关系密切。依据周卫荣对钱币合金成分的研究，明代前期主要是青铜铸币。经检测，嘉靖以前，钱币的合金含量大致是：铜70%—80%，铅10%—20%，锡6%—8%。万历后期铜钱的合金成分大致是：铜60%，锌30%，铅2%—3%，锡1%，铅锡的比例大量减少，锌的比例大量增加，铜钱由青铜转变为黄铜。随着人们对黄铜性能的逐渐认识，到万历后期采用黄铜铸钱，基本不加铅锡。但是钱币中仍然混入了大量铅锡杂质，表明当时的黄铜是用炉甘石点化红铜而来，而非提炼金属锌用以铸造钱币[3]。

但到了晚明，似乎铸币需求的增强，刺激了单质锌冶炼技术的产生[4]。天启元年（1621）以后，钱币成分比较稳定，大致为：铜60%，锌30%—35%，这时的钱币已经没有铅锡杂质，表明是用单质锌制造黄铜了[5]。后来，周卫荣又通过钱币中镉元素含量的变化，进一步论证出，采用单质锌配炼黄铜制钱是在1621年以后[6]，从而证明中国应在1621年之前就掌握了单质锌的提炼技术。自此之后，单质锌可直接用于制造黄铜合金，成为一种重要的币材。

明末出现以钱代钞的整体趋势，清朝开国即以铸造铜钱作为日常小额货币。清代采用银钱双本位制，大宗贸易用银，日常用钱。随着清代地方市场发育，加之其他社会政治、经济因素的影响，用钱量大增，产生巨大币材需求，刺激了清代币材矿业的开发。清代主要的币材是铜、锌、铅、锡，其中锌一般称为白铅。

出于铸币的刚性需求，在康熙平定三藩之乱不久，即在朝堂议论矿政问题，以户部会议奏准的《钱法十二条》标志着康熙初年积极矿业政策的确立。到康熙末年，由于一些地方在开矿过程中产生了一些社会问题，开始引起康熙皇帝对于矿政的反思及其晚年矿政的保守化趋向。除已开矿厂可

---

① 同治《桂阳直隶州志》卷1《疆域》，《中国地方志集成·湖南府县志辑》第32册，第2页。
② 同治《桂阳直隶州志》卷20《货殖》，《中国地方志集成·湖南府县志辑》第32册，第428页。
③ 周卫荣：《钱币学与冶铸史论丛》，中华书局，2002年，第66—67页。
④ Hailian Chen and George Bryan Souza, "China's emerging demand and development of a key base metal:Zinc in the Ming and early Qing, c.1400-1680", *Journal of Material Culture*, vol.00, no.0,（April 2017），pp.16-17.
⑤ 周卫荣：《钱币学与冶铸史论丛》，第68页。
⑥ 周卫荣：《钱币学与冶铸史论丛》，第82页。

继续开采外，禁止新开矿场，这一过程持续到整个雍正时代。针对湖南地区，还颁布"湖南产铅地方，山深谷邃，境通黔粤，苗徭杂处，开采不便，永为封禁"的政策①。雍乾之际，政府内部围绕矿政再次展开激烈争论②。自乾隆四年（1739）始，以广东铜矿弛禁为标志，开始逐步放开地方矿禁。

在此趋势之下，地方矿业大兴。"乾隆八年，题准郴州桃花垅、甑下垅、铜坑冲等处出产铜铅等矿……又桂阳州马家岭、雷破石及石壁等处，出产铜铅等矿。"③这次开矿浪潮在地方族谱中也有所反映，证明矿业在地方社会日常生活中的重要性。雷坪中洞村的《邓氏族谱》记载："清乾隆九年，奉旨采宝。"④这次积极的矿业政策持续了几十年，对清代湖南南部矿业的发展影响很大。使得湖南郴桂地区成为国家铸币体系中的重要组成部分。郴桂地区除了开采铜、锌、铅、锡等币材外，也还采银，其中铜、铅、锌占主要地位。

在新寨村采集的炼锌罐

根据林荣琴对清代湖南矿产产量估算，可以大体窥探当时该地矿业生产的基本规模。湖南鼓铸最兴盛的乾隆二十年至三十年，铜矿的最高年产量近98万斤，在乾隆二十年到乾隆末年的一般年份，铜矿产量在54万余斤左右。乾隆二十年至三十年，湖南年产锌矿最高达50万余斤，一般情况下有13万—20万斤。从乾隆十四年至二十七年，湖南铅矿年产量在87万—92万余斤，乾隆二十八年到乾隆末年，最低年产量在40万斤。根据鼓铸用量，清代锡的总产量应在61万斤以上⑤。

从绝对产量来看，虽然铜产最多，但实际上铅占有更重要的战略地位。因为清代云南才是铜的

① 乾隆《大清会典则例》卷49《户部·杂赋上》，文渊阁《四库全书》本，第33页。
② 常建华：《乾隆初年开放矿禁问题新探》，《明清论丛》2014年第2期。
③ 嘉庆《湖南通志》卷42《矿厂》，《中国方志丛书·华中地方》第1121号，成文出版社有限公司出版，第3122页。
④ 中洞《邓氏族谱》卷首1《矿山界》，1995年重修版，第98页。
⑤ 林荣琴：《清代湖南的矿业》，商务印书馆，2014年，第198—200页。

主要供应地，湖南铜产每年还不够宝南局的铜需，对全国性的铜需贡献不大。而清代中国铅产则集中在湖南、贵州两省，有时湘铅还占主导地位。从乾隆十一年起，湖南的铅产每年供应全国铅需一半以上。由于湖南郴州桃花垅等处及桂阳州等厂黑白铅砂出产甚旺，朝廷规定从乾隆十一年开始，原本由贵州办运的七十万五百七十斤京局黑铅，分一半由湖南办运。到乾隆十四年，则规定"全交湖南代办"。后来由于湘铅产量衰减，从乾隆二十九年开始"三十五万二百八十五斤有奇，仍须湖南办运"，另外内府所需颜料库黑铅一万七千六百六十九斤有奇，"向亦系郴桂两厂分办，今统归桂厂办解"①。乾隆五十年前后，贵州和湖南铅产都大幅减少，不能满足京局需要，黔湘两省相互推脱，最终户部仍令两省"各半分运"②。清代湘铅的重要地位刺激了矿商投资铅矿的积极性，投资铅矿远比其他矿产有利，例如"采煤一夫日千金，利不过千钱，铅矿最为大利，买山倾产者相继矣"③。

四、清代湘南矿业中的身份秩序

清代前期，对于矿山开采程序有具体规定："（康熙）十四年，定开采铜铅之例。户部议准，凡各省产铜及白黑铅处所，有民具呈愿采，该督抚即委官监管采取。至十八年……其采取铜铅先听地主报名，如地主无力，听本州县人报采，许雇邻近州县匠役，如有越境采取及衙役扰民俱治其罪。"④

采矿权的获得要遵循报呈和批准的基本程序。所谓报呈，"凡择有可开支地，具报官房，委硐长勘明，距某硐若干丈，并不干碍，给与木牌，方准择日破土"⑤。报呈获得政府批准之后，政府会"给与木牌"作为开矿权的凭证。一般情况下，地主有优先报呈权，如地主无力开采，才允许本州县的有力之人向官府申请开采。在采矿过程中，官府具有派遣专门的官员监督管理的职责。

但在实际实践中，排斥外地人投资本地矿业的政策并没有得到切实执行，报呈者的身份非常复杂。除了地主之外，还有"郴商"、"游民"、内务府商人等。例如郴州商人曾呈请"备本试采石仙岭、白砂垅、东坑湖、金川塘、杉树坑五铅矿"⑥，内务府商人王纲明等也曾到湘南"各雇本地民人开矿"。报采者身份的复杂化是酿成矿业纠纷的重要原因。

政策上，允许从周边州县雇佣矿工，因为采矿需要大量劳动力的参与，政府无法禁止矿工的跨境流动。当地从事矿冶的外来人口很多，"一切砂夫、炉户，土著固多，外来游民，亦复不

① 《清文献通考》卷17《钱币考五》，文渊阁《四库全书》本，第54页b、55页a。
② 《清文献通考》卷18《钱币考六》，文渊阁《四库全书》本，第20页a。
③ 同治《桂阳直隶州志》卷20《货殖》，《中国地方志集成·湖南府县志辑》第32册，第428页。
④ 《清文献通考》卷14《钱币考二》，文渊阁《四库全书》本，第9页。
⑤ 吴其濬：《规第十一》，《滇南矿厂图略》，《续修四库全书》第880册，上海古籍出版社，1996年，第145页。
⑥ 光绪《湖南通志》卷58《食货四》，《续修四库全书》第662册，第670页。

少"①。通过比对方志中清代中晚期桂阳州的寄籍户和土著户数量，我们可以看出当地外来人口的比重大约在4.5%。

嘉庆、同治时期桂阳本州土著、寄籍户数表②

年份	寄籍户（户）	土著户（户）	寄籍/土著户数比（%）
嘉庆二十三年（1818）	4575	101790	4.5
同治五年（1866）	2484	57627	4.3

由于人口大量流动，种种社会问题也纷纷涌现。"本地居民从无辨炉火识砂色者，率皆临、蓝、嘉、桂、常新各处奸徒及四方亡命，昼则横肆抢夺，夜则公行剽劫，令鸡犬不宁，妇女远窜。"③"在外境流入者曰飘马，在本地游手者曰土马。飘马非土马无以知地方之通塞，土马因飘马更添羽翼而妄行。"④

矿冶人员的身份复杂化，使矿区成为一个潜在的不稳定场所，为了维护稳定，政府逐渐在矿区实行组织化管理，设立炉总、夫长等名目，并对矿工进行身份登记，按时查核。"应请饬行将各该厂炉户设立炉总，砂夫设立夫长。地广而人多者，每处设立炉总、夫长各四名。地狭而人少者，每处设立炉总、夫长各二名。每人给以委牌并印簿二扇。各于该处总名内，按坑口所在及设炉地方，酌量派分管查。将现在之砂夫、炉户询明姓名、住址，详记簿内。土著立为一本，外来另立一本，按月缴委员查核。"⑤

湖南南部岭地是一个有着悠久矿业传统的地区。虽然各时代矿业政策不一，有开有禁。但毫无疑问，矿业生产是该地区非常重要的一种生计方式。随着采矿成为当地的一种重要的经济活动之后，"桂民多不善贾，事力农之外……因地产铜铅，有力者，供坑烧炉，无力者，淘沙打矿"⑥。随着人地矛盾突出，农业无法吸纳更多新增人口，越来越多的本地农民投入矿业中，"现在山场绝少外来游食……郊关四面二三十里内，比户众多，田畴殊少，穷民纷纷刨取"⑦，当地居民在农事之余，纷纷参与矿业，采矿、炼矿、用矿成为当地人的生活常态。"查黑铅煎炼，桂阳一州，妇人孺子无不晓习，城乡市镇无不常烧，家家日用器具，无不用此打造，平常柴米油盐，多有用此兑

---

① 《郴桂二州矿厂炉户设立炉总、砂夫设立夫长，每人给印簿二本，将现在工作之人姓名、面貌、住址登簿稽查》，《湖南省例成案》卷15，杨一凡编：《清代成案选编·甲编》第47册，第288页。

② 同治《桂阳直隶州志》卷5《赋役》，《中国地方志集成·湖南府县志辑》第32册，第67—68页。

③ 康熙《郴州总志》卷7《风土》，《中国地方志集成·湖南府县志辑》第21册，第128页。

④ 《广东提督施世骠奏陈捕获韶州盗贼矿夫折》，转引自贺喜：《明末至清中期湘东南矿区的秩序与采矿者的身份》，《中国社会经济史研究》2012年第2期。

⑤ 《严饬矿厂稽查匪类邪术》，转引自贺喜：《明末至清中期湘东南矿区的秩序与采矿者的身份》。

⑥ 乾隆《直隶桂阳州志》卷27《风俗》，《故宫珍本丛刊》第153册，第441页。

⑦ 《办理矿厂各条规》，《湖南省例成案》卷12，杨一凡编：《清代成案选编·甲编》第47册，第53页。

换。"①

当然，因矿致富者亦复不少。"邓希全者，城北人，雍正时，采矿大凑山，日千金，积数年，赀累数十万……曹祖礼者，开大凑山万景窝，致赀产巨万……何植荙者，居城中，家中赀。乾隆初，采银大凑山，数载赀荡尽"②，后来何植荙又挖得"巨矿"，"倚为生者数千人"③，这几位巨富的采矿之地——大凑山，在桂阳州西半里，因"其盛时炉烟蓊然，上接云汉，淘者纷错，商旅辐辏"而得名④。

五、矿山界：矿业生产的空间秩序

近年，产权研究颇受学界重视。相关学者对水域产权、山林产权、码头产权、店铺产权等议题展开许多颇具启发的研究，但由于史料的欠缺，有关矿业产权的研究颇为薄弱，而矿业产权因其自身的独特性和复杂性，具有较高的研究价值。

矿业产权的复杂性主要源于产权性质的多元性。从形式上，大致可以理解为两种空间关系的处理。首先，矿产一般是蕴藏在地下，矿藏采取需要协调地上和地下的空间关系。一般表现为矿商与土地业主的关系，清代桂阳州就发生了因夫长、山主争挖矿产，导致斗殴停工的纠纷事例⑤。

其次是地下空间秩序的协调。采矿耗资巨大，同一矿山往往会由不同的业主合作开采或各自独立同时开采，一般一个硐是一个生产单位。如果说地面的空间区划可以简化为二维空间的划分（一般可以通过平面地图表现），那么地下空间则是立体空间的划分，而且在开采前，无法充分了解这一立体空间的物理性质，关系处理就很困难。因此，清代云南铜矿开采就诞生了硐分的制度机制。所谓硐分，即：

> 曰打顶子。凡两硐对面攻通，中设圆木或石尖头，折回各走各路。或此硐之尖前行，而彼硐攻通在后，则关后通之尖，以让先行之尖。或此硐直行而彼硐横通，则设木为记，准其借路行走，抑或由蓬上底下分路交行。有矿之硐，遇此等事最宜委勘公断，既无争夺，即无滋闹，即或两硐共得一堂矿，双尖并行，中留尺余，以为界埂，俟矿打完，再取此矿平分⑥。

这种硐分制度就是协调地下开采空间的关系。产权的多元性导致利益主体的多元化。山主要向官府"纳地租"。矿商在卖获矿价后，开除成本，还要抽取公费、缴纳山租、支付水租。所谓公

---

① 《饬查桂厂白铅黑铅及绿紫坳、石壁下等处一切偷漏各条》，《湖南省例成案》卷14，杨一凡编：《清代成案选编·甲编》第47册，第243页。

② 同治《桂阳直隶州志》卷20《货殖》，《中国地方志集成·湖南府县志辑》第32册，第430页。

③ 同治《桂阳直隶州志》卷20《货殖》，《中国地方志集成·湖南府县志辑》第32册，第430页。

④ 嘉靖《衡州府志》卷2《山川名胜》，《天一阁藏明代方志选刊》第18册，上海古籍书店，1963年影印本，第18页。

⑤ 《桂阳州铜铅出产地名各条》，《湖南省例成案》卷14，杨一凡编：《清代成案选编·甲编》第47册，第278页。

⑥ 吴其濬：《规第十一》，《滇南矿厂图略》，《续修四库全书》第880册，第145页。

费，"一曰神，庙工及香资也。一曰公，以备差费也"；山租即"山主之租也"，是矿商向山主缴纳的"铺租地税"；水租是为分用农田沟水支付的费用，"若系出官山，无此一项，或并入公件"。刨除这些开支后，"余则就原伙石分而分之"①。可见，利益关系之复杂。

矿业产权制度的安排与实际运作过程，有助于理解矿区不同利益群体利益分配的实际过程以及利益关系。在本次田野考察过程中，笔者发现少量反映矿业产权的资料，具有一定史料价值。

桂阳县雷坪镇陈溪村《邓氏族谱》中，收录了一份处理煤矿山场边界纠纷的契约，原文如下：

立合约人邓永瀛，子孙茂材、国照等，今因乾隆三年得买彭姓鹿大冲山场壹遍。至道光间，因胡茂敬等挖煤，与吴宇宙子孙相争，经中彭熙辉等劝释。邓姓依先契管业，出备清界之费，錾石竖碑，二家不得异言。立约二纸，各执为照。所有坐落四底等项备载，原契附契于后，并由验契所钤印为据。道光三十年十一月二十八日。

立合约人邓永瀛，子孙茂材、国照等，今因乾隆三年得买彭姓山场，地名鹿大冲，上截斜坂壹遍，东抵岭顶，南以崎西以水路，北以水沟，惟南边与吴姓分界。至道光三十年间，因胡茂敬、何钟松等开垅挖煤，与吴姓相争。是以经同邻戚劝释，邓姓依先契管业，邓姓出备清界之费，请匠錾石竖碑，界东抵冲尾岭顶，南以崎竖碑直下之软崎竖碑为界，西底路北底水沟为界，四界之内，邓姓所管，二家不得异言，恐口无凭，立此合约，一样二纸，各执为照。

立合约书人 邓永瀛子孙等 吴宇宙子孙等

在场人 李光典 方福 彭熙辉 吴廷宣 国杨 国明 家煌 家珍 家鲸笔

道光三十年十一月二十八日 立②

这起纠纷的梗概是：乾隆三年，邓姓从彭姓买得鹿大冲山场的产权，成为山主。道光三十年，胡茂敬、何钟松等承租邓姓山场，开垅挖煤，因该山场与吴姓山场相连，胡茂敬与吴姓发生纠纷。纠纷发生后，业主邓氏请前业主彭姓作为中人劝释。最终的解决方案是，邓姓"依先契管业"，但需要邓姓出资清界，厘清邓姓与吴姓的山场界限，并"錾石竖碑"，以杜纠纷。

从这起纠纷及以下资料旁证，我们可知，邓姓在桂北拥有众多山场，其中不少就是富有矿藏的矿山。邓姓长期出租矿山，供矿商开采。因矿山带来利益，当地的邓姓与吴姓因山场权属问题长期发生纠纷。

当时的矿山界限是以地面界限为准，山场契约是矿产开采权的主要依据。民国时期《贵州正安铅矿华洋合办章程》中对矿山开采范围的规定反映出相同的原则。该章程规定："龙女洞黑铅矿山一座，周围约计十二华里，本为华公司之旧产，四至界址均以官契为凭，一俟本合约奏咨奉准后，

---

① 吴其浚：《规第十一》，《滇南矿厂图略》，《续修四库全书》第880册，第145页。
② 陈溪《邓氏宗谱》卷首1《舜伯房附记》，民国二十六年刻本，第1页。

应即将该山四至，安设石质界牌，以示限制，公司开办时，只能在界内开采，不得越界。"①

通过梳理《邓氏族谱》，发现清代不同族姓之间利用族谱争夺地界案例，略述如下：

一、利用谱牒中先人诗文来判定边界纠纷。

万历元年奉诏丈田，耒阳、常宁来争界址，结讼不决，控经藩宪张批，仰郴桂二州及耒阳县协同踏勘，余先辈呈善公原题诗句，遂照诗中地界判余族管业立案。

其所呈善公《置庄地诗》云：

父子立庄丫石名，往来四十里余程。殷勤自有三春雨，沍混浑无六月冰。纵横皆田南马石，东西至岭北和平。其中俱系吾家地，但愿儿孙代代兴②。

这首族谱中的诗文明确指明了当时邓家山场的空间范围，而邓氏属桂阳户籍，因此该诗文在本次县界纠纷判定中起到重要作用。

二、家族墓地是山场权属的重要标志。

缘邓姓有泰山一所，上截系荒山，下截葬有多家。吴姓不知何时于上截荒山作一假冢……据吴姓所呈谱，据第三册第二十六页载有祖妣唐氏葬龙渡岭，直下嫡脉冲头岭，惟细察镶盘、格眼大小及中缝、吴氏族谱四字及纸张颜色，均与全谱不符，及钉线处有插入痕迹，且据吴姓原词，除一圈一墓外，并无他家，而谱内所载葬冲头岭至数十家，当经逐一驳斥，吴姓始俯首无词。……依据事实判决争山一事……　中华民国壬子元年九月初三日给③

谱牒中一般会收录墓地图，先人墓地和谱牒地图的配合可以提升地权被认可的机会。该案例显示，吴姓为获取司法支持，伪造家谱，并被识破。"据国民邓福祥与吴国禄上控一案。查吴姓所呈家谱，实系伪造。"④即使在一次竞争中失败，但吴姓并没有停下竞争资源的脚步。

黄村铺李姓村路旁有高石，名南马石，即善公诗内纵横皆田南马石是也。界内葬各矿工人甚多，吾等罕至其地。民国十年李姓盗卖数丈与永邑刘传俭葬父，我族闻知郎经地邻理论，不耳构讼，经李法官履勘断刘赔我族三百余金。李人重修新谱，为异日占地张本⑤。

① 《贵州正安铅矿华洋合办章程》，商务印书馆编译所：《国际条约大全·下编》卷4《矿务》，商务印书馆，1914年，第14—15页。
② 中洞《邓氏族谱》卷1《通族大宗齿录》，1995年重修版，第13页。
③ 陈溪《邓氏宗谱》卷首1《舜伯房附记》，民国二十六年刻本，第2—3页。
④ 陈溪《邓氏宗谱》卷首1《舜伯房附记》，民国二十六年刻本，第2页。
⑤ 中洞《邓氏族谱》卷1《南马石》，1995年重修版，第80页。

　　无论该谱所述"李人重修新谱，为异日占地张本"的说法是否属实，但它形象地展现了时人依据谱牒争夺业权的过程。这也证明了谱牒在司法实践中的重要地位。一般情况下，红契是最好的管业证明，但是由于各种原因，红契原件很容易灭失。在两造皆无红契的情况下，有明确版本流传的谱牒可以作为司法证据。因此可以看到各种族谱中会保存数量可观的不同类型的契约。古代重视谱牒编纂，不仅是出于对先人的缅怀，它也是建构乡村社会关系的重要工具。

　　湘南地区富含矿产资源，有着悠久的矿业传统。清代在币材需求刺激下，湖南郴桂二州发展成重要的政府币材供应基地，尤其是铅矿开采具有国家战略性地位。在矿业发展的驱动下，郴桂地区形成了一系列与矿业生产密切关联的社会传统，包括赋役制度、产业结构、社会组织结构以及产权形态等，因此矿业传统是我们理解南岭山区社会历史不可忽视的视角。

历 史 专 题 研 究

"六丁神女""六丁玉女"与赤水女武士像主题推想[①]

王子今　韦　玮

作者简介

王子今，1950年生，河北武安人，西北大学历史学院教授，"古文字与中华文明传承发展工程"协同攻关创新平台、中国人民大学国学院教授。韦玮，1975年生，贵州赤水人，赤水市博物馆馆长，文博副研究馆员。

摘　要： 贵州赤水发现的宋代女性武士石刻，有很多重要的图像资料。考察其蕴涵的历史文化信息，可以参考宋代民间信仰体系中有关"六丁神女""六丁玉女"的神秘主义意识。宋代"六丁皆为女子像"情形见于道教观殿建筑。而上溯其渊源，应当注意东汉战争巫术有关"鬼怪左道之术"的历史记忆中"道人及女巫""祠祭六丁"诸情节。道教文献可见"六丁属阴神"，而"六丁将军"或称"六丁驰传上将"，亦称"六将"者均为武人装束的说法。"金甲""着靴"等"军容"形象均与赤水女武士雕像一致。而使用武器谓"执雁翎刀"，赤水石刻则为执钺。赤水女武士像可能与"六丁"崇拜有关的推想，或许可以得到更多相关文物考察的证明。

关键词： 赤水；女子；武士；雷神；六丁；女军

---

①　基金项目：2020年度国家社科基金中国历史研究院重大研究专项（"兰台学术计划"）"中华文明起源与历史文化研究专题"委托项目"中华文化基因的渊源与演进"（20@WTC004）。本文撰写，得到中国人民大学哲学院姜守诚、中国人民大学国学院王泽的帮助，谨此深致谢意。

贵州赤水发现一件形象为女性武士的石刻，时代判定为宋代。石刻发现于赤水天然气化肥厂一段堡坎上。高136.5厘米，宽49.5厘米。双面皆为浮雕武士形象，一面为男性，一面为女性。据赤水市博物馆文物专家介绍，女性武士圆脸，柳叶眉，双眼修长，表情平静，头戴牡丹花冠，外穿宽袖战袍及云形罩肩，内穿铠甲。女性武士右手持斧，双脚呈八字形站立于卷云形基座上。这一石刻遗存具有重要的历史文化价值。

宋代民间信仰体系中有关"六丁神女""六丁玉女"的神秘主义意识，或许可以为考察这件文物蕴涵的历史文化信息提供参考。东汉末期董卓的军队使用战争巫术，可见有关"鬼怪左道之术"的历史记忆中有"道人及女巫""祠祭六丁"的情节。宋代"六丁皆为女子像"情形见于道教观殿建筑。宋代道教文献遗存可见"六丁属阴神"，而"六丁将军"或称"六丁驰传上将"，亦称"六将"者均为武人装束，即所谓"军容"。其"金甲""着靴"且手执兵器的形象，与习水女武士雕像高度一致。而所用武器据说是"执雁翎刀"，赤水女武士石刻则为执钺，有所不同。赤水女武士像可能与"六丁"崇拜有关的推想，或许可以得到相关文物考察与研究的补证。对于中国古代女子尚武好兵风习的历史表现，赤水石雕女武士像可以看作文物说明。

一、陆游："六丁皆为女子像"

陆游《老学庵笔记》卷九有这样一段文字："抚州紫府观真武殿像，设有六丁六甲神，而六丁皆为女子像。黄次山书殿榜曰：'感通之殿。'感通乃醴泉观旧名，至和二年十二月赐名，而像设亦醴泉旧制也。"[1]陆游予以关注并专门记述的"六丁皆为女子像"，也许并非通常情形。

《老学庵笔记》"六丁皆为女子像"之说，受到不少学者重视。清乔松年《萝藦亭札记》卷八引录此说[2]。《书隐丛说》卷一四"花神庙"条写道："汤若士《牡丹亭传奇》中有花神。雍正中李总督在浙时，于西湖滨立花神庙，中为湖山、土地两庑，塑十二花神，以象十二月。阳月为男，阴月为女，手执花朵，各随其月。其像坐立敧望不一，状貌如生焉。""抚州紫府观真武殿有六丁六甲神，六丁皆为女子像。西湖之花神，其亦仿此意欤？今演《牡丹亭传奇》者，亦增十二花神焉。"[3]当然，"六丁六甲神"中，"六丁皆为女子像"情形，与"十二花神"应当是不同的，"亦仿此意"的推想，恐怕难以成立。也许二者"六"与"十二"只是数字偶合，并没有什么内在的文化关联。但是"阳""阴"、"男""女"对应的情形，却是相同的。

① （宋）陆游撰，李剑雄、刘德权点校：《老学庵笔记》，中华书局，1979年，第117页。
② （清）乔松年撰：《萝藦亭札记》，清同治刻本，第118页。
③ （清）袁栋撰：《书隐丛说》，清乾隆刻本，第183页。

康熙《抚州府志》卷二十六①、同治《临川县志》卷五十四②，也都引录《老学庵笔记》"六丁皆为女子"说。方志中的这种处理方式，显示是地方文化的特殊现象。俞樾《茶香室丛钞》卷十五"六丁为女子像"条也注意到这一文化信息："《老学庵笔记》云：抚州紫府观真武殿设六丁、六甲神，而六丁皆为女子像。黄次山书殿榜云'感通之殿'。感通乃醴泉观旧名，像设亦醴泉旧制也。"③周亮工《因树屋书影》卷六写道："抚州紫府观真武殿像，设有六丁六甲神。六丁皆为女子像。见《老学庵笔记》。甲为阳木，丁为阴火。女像之义，或取诸此。"④

赤水发现的宋代女性武士形象石刻，是否与同样是宋代神祀遗存的"六丁为女子像"存在某种关联呢？现在似乎尚难以作出明确判断。

二、汉代军中"女巫""祠祭六丁"

女子以神秘力量介入军事的情形，可以找到较早的史例。汉代巫术史记录中有与"女巫"及"六丁"相关的内容。《后汉书》卷五十《孝明八王传·梁节王畅》记载："（刘）畅性聪惠，然少贵骄，颇不遵法度。归国后，数有恶梦，从官卞忌自言能使六丁，善占梦，畅数使卜筮。又畅乳母王礼等，因此自言能见鬼神事，遂共占气，祠祭求福。忌等谄媚，云神言王当为天子。畅心喜，与相应答。"刘畅这位"乳母"能沟通人界与"鬼神"，又掌握"占气，祠祭求福"技能，是事实上的女巫。在早期信仰系统中，女巫的表现或与"六丁"相联系。关于"六丁"，李贤注："六丁谓六甲中丁神也。若甲子旬中，则丁卯为神，甲寅旬中，则丁巳为神之类也。役使之法，先斋戒，然后其神至，可使致远方物及知吉凶也。"⑤而刘畅身边女子也参与了这样的活动，"畅乳母王礼等，因此自言能见鬼神事，遂共占气，祠祭求福"，其行为近似女巫，或掌握了"役使""六丁"的法术。

《三国志》卷六《魏书·李傕传》裴松之注引《献帝起居注》明确记载了东汉末年董卓军中"女巫""祠祭六丁"的表现："傕性喜鬼怪左道之术，常有道人及女巫歌讴击鼓下神，祠祭六丁，符劾厌胜之具，无所不为。"⑥所谓"道人及女巫歌讴击鼓下神"，其技术层次的表现，包括"祠祭六丁，符劾厌胜……"明确提示了"女巫"和"六丁"的关系。而其中联系到"道人"，也是引人注目的。《后汉书》卷七十二《董卓传》记载，"（李）傕乃自为大司马。"李贤注引《献帝起居注》："傕性喜鬼怪左道之术，常有道人及女巫歌讴击鼓下神祭，六丁符劾厌胜之具，无所不为。又于朝廷省门外为董卓作神坐，数以牛羊祠之。天子使左中郎将李国持节拜傕为大司马，

---

① 　康熙《抚州府志》卷26，清康熙四年刻本，第1721—1722页。
② 　同治《临川县志》卷54，治九年刻本，第3510页。
③ 　（清）俞樾撰，贞凡、顾馨、徐敏霞点校：《茶香室丛钞》，中华书局，1995年，第327页。
④ 　（清）周亮工撰：《因树屋书影》，清康熙六年刻本，第100页。
⑤ 　《后汉书》卷50，中华书局，1973年，第1676—1677页。
⑥ 　《三国志》卷6，中华书局，1982年，第184页。《太平御览》卷734引《献帝起居注》："李傕性喜鬼怪左道之术，常有道人、女巫系下神祭六丁，符劾厌胜之具，无为不为。"（宋）李昉等撰：《太平御览》，中华书局，1960年，第3254页。

在三公之右。催自以为得鬼神之助，乃厚赐诸巫。"①与《三国志》裴注引《献帝起居注》相比，《后汉书》李贤注引的文字较具体。中华标点本《后汉书》卷七十二《董卓传》李贤注引《献帝起居注》所谓"常有道人及女巫歌讴击鼓下神祭，六丁符劾厌胜之具，无所不为"，参考《三国志》卷六《魏书·李催传》裴松之注引《献帝起居注》，断句似有问题。曹金华《后汉书稽疑》引《校勘记》按："沈家本谓《魏志》裴注引《献帝起居注》，'祭'上有'祠'字，此夺。"曹金华指出："余按：此说是也，然当作'祠祭六丁'句读。"②

《三国志》裴松之注及《后汉书》李贤注引《献帝起居注》均可见"道人及女巫"并说，也值得研究者注意。"道人及女巫"共同的表演，即以"歌讴击鼓"形式"下神"，即召请神祇降临。所谓"神"，应当包括"六丁"。

三、道教文献中的"六丁神女""六丁玉女"

《抱朴子内篇》卷四《金丹》中，引述《玉柱丹法》如下内容："以华池和丹，以曾青硫黄末覆之荐之，内筒中沙中，蒸之五十日，服之百日，玉女六甲六丁神女来侍之，可役使，知天下之事也。"③《抱朴子内篇》卷十五《杂应》又引《甘始法》："召六甲六丁玉女，各有名字，因以祝水而饮之，亦可令牛马皆不饥也。"④前者说"玉女六甲六丁神女"，后者说"六甲六丁玉女"，都指示了道家信仰体系中"六丁"的地位。大约早期道教文献中"六甲六丁"可能都是女性神。后来可能在南北朝时期，"六甲"与"六丁"分别代表"阳""阴"，分别为男女神的观念开始流行。

而道教其他典籍，如题三国佚名撰，实际成书年代大约为魏晋至南北朝的《上清黄庭外景经》卷上可见"六丁神女"⑤。又南北朝佚名《灵宝五符经》卷中《服食麋角延年多服耳目聪明黑发方》"六丁玉女"⑥，南北朝张道陵撰《金液神丹经》卷中"六丁六甲诸神仙玉女"⑦，南北朝周武帝敕辑《无上秘要》卷九十六《洞真九赤斑符》"六丁侍卫玉女"⑧，宋陈田夫撰《南岳总胜集》卷中《观有碑文六》"太阴六丁通真遁灵玉女"⑨，《纬略》卷三《二十四图》"欲驱六丁，当得六阴玉女图"⑩，《芥隐笔记》"辨渴字音"条"役使六丁神女谒渴"⑪，《无上黄箓大斋立成仪》卷二十九《妙化无边天尊》"六丁金童六丁玉女，六甲金童六甲玉女"⑫，《无上黄箓大斋立

---

① 《后汉书》卷72，第2338页。
② 曹金华著：《后汉书稽疑》，中华书局，2014年，第955页。
③ 王明著：《抱朴子内篇校释》（增订本），中华书局，1985年，第81—82页。
④ 王明著：《抱朴子内篇校释》（增订本），第267页。
⑤ （三国）佚名撰：《上清黄庭外景经》，明正统《道藏》本，第1页。
⑥ （南北朝）佚名撰：《灵宝五符经》，明正统《道藏》本，第21页。
⑦ （南北朝）张道陵撰：《金液神丹经》，明正统《道藏》本，第10页。
⑧ （南北朝）周武帝敕辑：《无上秘闻》，明正统《道藏》本，第372页。
⑨ （宋）陈田夫撰：《南岳总胜集》，宋刻本，第26页。
⑩ （宋）高似孙撰：《纬略》卷3，清《守山阁丛书》本，第28页。
⑪ （宋）龚颐正撰：《芥隐笔记》，明《顾氏文房小说》本，第6页。
⑫ （宋）蒋叔舆撰：《无上黄箓大斋立成仪》，明正统《道藏》本，第240页。

历 史 专 题 研 究
历
史
专
题
研
究

成仪》卷三十八《炼度堂圣位》"六甲六丁诸大将军金童玉女"①，都体现"六丁神女""六丁玉女"之说的普及。

一般不归入道教经典，而看作属于数术类文献的《赤霆经》卷中可以看到这样的内容："时加六丁，星奇窈寘，身挟玉女，凶神不刑。""六丁为星奇，乃玉女从天上六丁而与随，星奇挟玉女入太阴而藏，使凶神不见，逃减迹，葬埋等事大吉。"②

《上清黄庭内景经·常念章》有"神华执巾六丁谒"句③。唐代白履忠《黄庭内景玉经注》有这样的诠释："神华者，《玉历经》云：'太阴玄光玉女，道之母也。衣五色朱衣，在脾府之上，黄云华盖之下。'六丁者，谓六丁阴神玉女也。《老君六甲符图》云：'丁卯神司马卿，玉女足曰之；丁丑神赵子玉，玉女顺气；丁亥神张文通，玉女曹漂之；丁酉神臧文公，玉女得喜；丁未神石叔通，玉女寄防；丁巳神崔巨卿，玉女开心之。'言服炼飞根、存漱五牙之道成，则役使六丁之神也。"④我们看到，有关"六丁"身份及其在道家信仰体系中的地位，有相当具体详尽的解说。

前引《纬略》卷三《二十四图》"欲驱六丁，当得六阴玉女图"，《太平御览》卷六百五十九引《五符经》作"欲骋六丁，当得六阴玉女图"⑤，说到了"六丁""玉女"的形象。《宣和画谱》卷六《人物二》"周昉"条言"今御府所藏七十有二"，包括"四方天文像四，降塔天王图三，托塔天王像四，星官像一，天王像二，授塔天王图一，六丁六甲神像四，九子母图三……"⑥可知与"六丁"有关的"六阴玉女图""六丁六甲神像"，都曾经是古代画作的主题。

嘉庆《四川通志》卷五十二《舆地·古迹·马边厅》写道："雷神洞，在厅北五里，塑有六丁法像。神工鬼斧，千古不磨。"⑦则说以"六丁"为表现主题的雕塑作品。前引《赤霆经》卷中说"六丁"，由"霆"字也使人产生与"雷"的联想。《清微元降大法》卷十三"六丁驰传上将"条，"六丁"名号均用"雷"字："丁卯天雷上将孔阿明；丁丑龙雷上将王昭阿高；丁亥神雷上将何泓阿半；丁酉地雷上将崔茂阿申；丁未水雷上将高恒阿隆；丁巳烈雷上将徐向阿虔。"⑧

同治《藤县志》卷六《坛庙》写道："雷庙，在九都赤水镇，祀雷神。内有凿一柄，非石非铁。昔时雷震某处，遗落此物，识者指为雷霆凿。里人立庙以藏之。"⑨汉代雷神画面，亦临空以"凿"击下，其性别未可判定。藤县在广西，贵州赤水如果有"祀雷神"处所，曾经有"六丁法像"的可能性是存在的。

① （宋）蒋叔舆撰：《无上黄箓大斋立成仪》，明正统《道藏》本，第303页。
② （宋）张洞玄撰：《玉髓真经》，明嘉靖刻本，第701页。
③ （宋）张君房编，李永晟点校：《云笈七签》卷11《三洞经教部》，中华书局，2003年，第245—246页。
④ （唐）白履忠撰：《黄庭内景玉经注》，《道藏》第6册，文物出版社、上海书店、天津古籍出版社，1988年，第531页。
⑤ （宋）李昉等撰：《太平御览》，第2943页。
⑥ （宋）佚名撰：《宣和画谱》，明《津逮秘书》本，第23—24页。
⑦ 嘉庆《四川通志》，清嘉庆二十一年木刻本，第7956页。
⑧ （元）佚名撰：《清微元降大法》，明正统《道藏》本，第36页。
⑨ 同治《藤县志》，清光绪二十四年铅印本，第171页。

四、"六丁"的神力:"鬼不攻自退"

《太平广记》卷三《神仙三》"汉武帝"题下,说到"五帝六甲左右灵飞之符,太阴六丁通真逐灵玉女之箓",又说"五帝六甲六丁六符致灵之术","六甲左右灵飞致神之方十二事","六甲灵飞十二事",又说"凡此六丁,左右招神,天光策精,可以步虚,可以隐形"。篇末署"出《汉武内传》"。[①]所谓"五帝六甲左右灵飞之符,太阴六丁通真逐灵玉女之箓",明正统《道藏》本《汉武帝内传》作"五帝六甲左右灵飞之符,太阴六丁通真遁虚玉女之箓"。[②]《汉武内传》作为小说,反映了社会普遍的对"六甲六丁"神力的崇敬。而所谓"太阴六丁通真逐灵玉女之箓""太阴六丁通真遁虚玉女之箓",强调"玉女"的性别指示是明确的。

宋人洪迈在《夷坚乙志》卷六《赵七使》中记叙了这样一个人鬼情未了的故事,有情节涉及"六丁":"宗室赵子举,字升之,壮年时丧其妻,心恋恋不已,于房中饰小室,事之如生。"亡妻竟然出现,而且"不知死生之隔,遂与共寝,欢如平生"。"有道人乞食过门,适见之,叹曰:'君甘与鬼游,独不为性命计!吾能行天心正法,今以授君,努力为之,鬼不攻自退矣。'子举洒然悟,即再拜传受。绘六甲六丁像,斋戒奉事唯谨。"于是半年之后,其妻"涕泣辞诀","遂绝不至"[③]。这是宋代民间意识中"绘六甲六丁像"可以发生神秘效力,使得"鬼不攻自退"的证明。

赤水女武士像脚下踩踏一横卧人形。其体态,似右手举起,左手下垂,可能表现的是宣传"六丁"攻鬼、退鬼、伏鬼、镇鬼能力的对应性陪衬——"鬼"。

五、"六丁""军容""带器仗"

赤水女武士石刻的发现,或许与当时社会"六甲六丁"崇拜的普及有关。"六丁"以武装女子的形象出现,自然也可以作为女军史考察的对象。

赤水发现的女武士石像是否"六丁"形象遗存,在目前资料受到限定的情况下,难以说明是以一代六,还是其他五件已经损毁佚失。但是可能与"六丁神女""六丁玉女"有关的推想,应当有其合理性。这一推想如果成立,也可以从一个特殊社会文化层面反映中国古代妇女曾经有好勇尚武风习,并且有参战从军实践的历史真实。

因为以道教史的通常知识为基点,一般说"六丁属阴神",而"六丁将军"或称"六丁驰传上将",亦称"六将"者均为武人装束:"六将并冲天幞头黄抹额,金甲朱衣着靴,各执雁翎刀。"[④]此说出《清微元降大法》卷十三。《中国道教大辞典》"六丁六甲神"辞条引录的这一说

---

①　(宋)李昉等编:《太平广记》,中华书局,1961年,第13—23页。
②　(汉)班固撰:《汉武帝内传》,明正统《道藏》本,第6页。明王世贞《弇州山人四部续稿》卷66《文部·纪》"金母纪"条也作"五帝六甲左右灵飞之符,太阴六丁通真遁虚玉女之箓"。文渊阁《四库全书》本,第727页。
③　(宋)洪迈撰,何卓点校:《夷坚志》,中华书局,2006年,第235—236页。
④　(元)佚名撰:《清微元降大法》卷13《九天烟都太乙五雷》,明正统《道藏》本,第36页。

法[①]，所谓"金甲""着靴"等均与赤水女武士雕像一致。而使用武器谓"执雁翎刀"，赤水石刻则为执钺。博物馆学者介绍所谓"头戴牡丹花冠"，与"冲天幞头"其实形近。而"抹额"作为军人标志性装束，见于文物资料[②]。《旧唐书》卷二十九《音乐志二》说到"绛抹额""红抹额"[③]，《旧唐书》卷一百零五《韦坚传》说到"红罗抹额"[④]，都是女子额上红妆。而《新唐书》卷一百零八《娄师德传》："后募猛士讨吐蕃，乃自奋，戴红抹额来应诏，高宗假朝散大夫，使从军。"[⑤]此"戴红抹额"，则是所谓"军容"。陈元龙《格致镜原》卷四十一《武备类一》"盔附抹额"条写道："抹额，《二仪实录》：禹娶涂山，夕，雷电中有甲卒千人，无甲者红绢抹额，云海神来朝。始皇至海上，有神朝，皆抹额、绯衫、大口袴侍卫，后为军容。"[⑥]所谓"雷电中"之说，可以对应上文说到的"雷神洞""六丁"和《赤霆经》的"六丁"。

赤水女武士像"军容"没有看到"黄抹额"的表现，或许省略，或许与士兵俑用织物作束带不同，当时以外涂色彩显现[⑦]，年久色褪，已经丧失了可以察见的条件。《宋史》卷一百二十九《乐志四》写道："引武舞人，武弁、绯绣鸾衫、抹额、红锦臂鞲、白绢袴、金铜革带、乌皮履。"[⑧]又《宋史》卷一百四十二《乐志十七》："二曰剑器队，衣五色绣罗襦，裹交脚幞头，红罗绣抹额，带器仗。"[⑨]所说"金铜革带、乌皮履"以及"带器仗""剑器"，都是与赤水女武士形象类同的武装女子。

六、"六甲六丁"石雕组合存在的可能性

思考赤水女武士石刻，会联系到"六甲六丁"石雕艺术作品组合的问题。按照一般逻辑推理，"一面为男性，一面为女性"的"双面""浮雕武士形象"，当为"六甲六丁"，应当六件形成组合。陆游说，"抚州紫府观真武殿像，设有六丁六甲神，而六丁皆为女子像。"赤水女武士像如果

① 胡学琛主编：《中华道教大辞典》，中国社会科学出版社，1995年，第1457页。

② 从汉景帝阳陵葬坑出土陶质士兵俑有额上束红色带状织物的实例。发掘者曾经解释为"陌额"："有一圈颜色鲜亮的朱红色绕过前额，两鬓和后脑勺，宽仅2厘米。在颜色上有经纬编织纹的痕迹，显然是丝织品腐朽后留下的残色所染。此物就是用作束敛头发的'陌额'。"（王学理：《阳陵汉俑——陶塑美的旋律》，陕西省考古研究所汉陵考古队：《中国汉阳陵彩俑》，陕西旅游出版社，1992年，第8页）"陌额"即"抹额"。咸阳杨家湾汉墓出土步兵俑的头饰，也有突出的红色束带状形式。（陕西省咸阳市文物局编：《咸阳文物精华》，文物出版社，2002年。陕西省文管会、博物馆、咸阳市博物馆杨家湾汉墓发掘小组：《咸阳杨家湾汉墓发掘简报》，《文物》1977年第10期）徐州狮子山汉墓出土汉代兵俑头部也发现类似红色痕迹，应当也表现了同样的装饰样式。［徐州汉文化风景园林管理处、徐州楚王陵汉兵马俑博物馆编：《狮子山楚王陵》（葛明宇编著），南京出版社，2011年］

③ 《旧唐书》卷29，中华书局，1975年，第1069—1071页。

④ 《旧唐书》卷105，第3223页。《新唐书》卷53《食货志三》作"红抹额"，中华书局，1975年，第1363页。

⑤ 《新唐书》卷108，第4089页。

⑥ （清）陈元龙：《格致镜原》卷41，《景印文渊阁四库全书》第1031册，台湾商务印书馆，1986年，第625页。

⑦ 王子今：《说甘谷汉简"著赤帻为伍长守街治滞"——以汉阳陵兵俑为对证》，《汉阳陵与汉文化研究》第2辑，三秦出版社，2012年。

⑧ 《宋史》卷129，中华书局，1977年，第3015页。

⑨ 《宋史》卷142，第3350页。

是"六丁"之一，则背面雕像表现为"男性"的"浮雕武士形象"应为"六甲"。如果是六件同样的石刻，原本是以怎样的组合方式放置，我们已经难以知晓。

以往考古工作者的田野考察，经常发现古代砖石质料的文物会被不识其文化价值的人们移用以为建筑材料的情形。建构房基路基以及水渠、桥梁往往使用古代石材，这种情形古已有之。《三国志》卷二十八《魏书·诸葛诞传》裴松之注引《世说》："黄初末，吴人发长沙王吴芮冢，以其砖于临湘为孙坚立庙。"[①]又《太平御览》卷五百五十八引《抱朴子》："吴景帝时，于江陵掘冢取板治城。"[②]用优质石材雕制的石碑被用作建筑材料，也是相当普遍的情形。《宋史》卷二百八十四《陈尧佐传》记载："初，太后遣宦者起浮屠京兆城中，前守姜遵尽毁古碑碣充砖甓用。"[③]唐诗所谓"千金立碑高百尺，终作谁家柱下石"[④]，说的就是陵墓附属石刻碑材被劫取作为建筑材料的情形，也可以作为参考。而所谓"谁家石碑文字灭，后人重取书年月"[⑤]，则是说古碑又被取作"后人"墓碑。

甚至墓葬有时也会借用前代墓室建材。在河南南阳的考古发掘资料中，还可以直接看到晋人发掘汉墓，并利用汉画像石作建墓材料的实例，即"后人建墓而利用前人的遗物"[⑥]。山东嘉祥宋山的一座古墓中，发现有汉画像石，有的已经倾倒，有的被有意倒置。从事清理工作的考古学者指出："此古墓不是汉墓，墓内的汉画像石是后人利用来修墓的。"所发现的画像石甚至"原非出于一墓"，即"来自几个不同的东汉墓"[⑦]。或许赤水的文物工作者在今后的调查中有必要特别注意，"六甲六丁"其他五件遗存发现的可能似未可排除。

也许今后的考古发掘与文物调查所获发现，可以使我们得到更为全面的建筑史、艺术史、信仰史信息。

① 《三国志》，第771页。又《太平御览》卷558引《世说》："黄初末，吴人发长沙王吴芮冢，以其材于临湘为孙坚立庙。容貌如生，衣服不朽。后预发者见（吴）纲曰："君何类长沙王（吴）芮，但微短耳。"（吴）纲矍然曰："是先祖也。"自（吴）芮之卒至冢发四百余年，（吴）纲，（吴）芮之十六世孙也。"（宋）李昉等撰：《太平御览》，第2524页。

② （宋）李昉等撰：《太平御览》，第2523页。《太平御览》卷805引《抱朴子》曰："吴时发广陵大冢，兵人共举死人以倚壁，有一玉，长一尺，形似冬瓜，从人怀中颓出，堕地。玉可以为珠，酒及地榆酒化之为水。亦可烧以为粉。服一年以上，入水不沾，入火不灼。"（第3576页）《太平御览》卷806引《抱朴子》曰："景帝时戍将广陵掘冢，有人如生。棺中有云母厚丈许，白璧三十枚以藉身。"（第3583页）《太平御览》卷810引《抱朴子》曰："吴景帝时，戍将于广陵掘一大冢，棺中人面如生，两耳及鼻孔中皆有黄金，大如枣许。此假物不朽之效也。"（第3601页）《太平御览》卷813引《抱朴子》曰："吴时发广陵大冢，中有铜为人数十头，皆长五尺。"（第3612页）

③ 《宋史》，第9583页。

④ 张籍：《北邙行》，《全唐诗》卷382，中华书局，1960年，第4283页。

⑤ 王建：《北邙行》，《全唐诗》卷298，第3375页。

⑥ 河南省文化局文物工作队、南阳市文物管理委员会：《河南南阳东关晋墓》，《考古》1963年第1期。

⑦ 嘉祥县武氏祠文管所：《山东嘉祥宋山发现汉画像石》，《文物》1979年第9期。

古代中国西南地区碥路类型研究

蓝　勇

作者简介

蓝勇，男，1962年生，西南大学历史地理研究所所长、教授。

摘　要： 碥路，是中国古代远比栈道使用更为广泛的道路。通道上铺石材为路称"碥路"，"扁路"是在清代才出现的。整体来看，中国古代的碥路可分成石材铺垫型和基岩开凿型两类。石料铺垫型可以分成长横条石型、拼合条石型、多种混铺型、碎石型、方石混铺型、卵石型、槽板型、堆砌型八大类。基岩开凿型主要是利用天然岩石，在岩石上直接开凿梯步而形成碥路，在巴蜀民间称为"阴凿路"。碥路在中国西南地区、岭南地区、东南闽浙地区分布最为广泛，特别是西南地区的四川盆地内部和四围地区。碥路修筑好后在日常取行中，出于安全、方便等因素还会形成相应的附属设施，如挡马墙、防滑槽、杵子窝、车轮槽、石鼻子与拴马桩、指路碑等。中国西南地区的传统碥路遗迹以遗迹量大、类型众多而在中国乃至世界交通史上有着重要的地位。

关键词： 碥路；类型；石料铺垫型；基岩开凿型

碥路，是中国古代远比栈道使用更为广泛的道路，在中国南北方都有使用。因碥路对石材的就近需求特点，所以在中国南方山石成型的地区碥路更为广泛，特别是在古代西南地区的交通建设中，碥路的修凿相当普遍，故中国西南地区的碥路最为典型，现在的遗产也最为丰富。但目前从考古学、技术史角度研究碥路几乎为空白，故需要进行深入研究。

一、碥路释义与现状认知

在中国古代，"碥"字的含意较多元，主要有三个意思，其中最早的意思是指人们上车马时垫脚所用的石头。据宋陈彭年《重修广韵》卷三："碥，乘车石也。"①另陈彭年《重修玉篇》卷二十二："碥，方显切，将登车履石也，亦作扁。"②宋丁度《集韵》卷六："碥，乘石貌，通作扁。"③《毛诗注疏》卷十五《正义》也称："乘车之时，履此石而上，故谓此石为乘石，上车履石之貌扁扁然也。"④唐陆德明《经典释文》卷七："有扁，边显反，又必浅反。乘石貌，乘石者，登车所履之石。"⑤显然，在中国古代早期"碥"字的出现与交通乘车马上车关系密切，但与作为路基石板的步道并无直接关系。第二种意思出现在明代，曹学佺《蜀中广记》卷五十八称："水疾崖倾曰碥。"⑥明张自烈《正字通》卷七也称："碥，补典切，音匾，将登车，履石也。又水疾崖倾曰碥。又蜀江自嘉州至荆门水路有燕子碥、阎王碥，皆险地。"⑦这个意思是指急流边的悬岩，这种称"碥"的地名至今在西南地区也还有许多存留，如七里碥、长河碥、观音碥等。

实际上本文所指的在通道上铺石材为路的"碥路"或"扁路"，是在清代才出现的，如清乔光烈《最乐堂文集》卷一《上张抚军论修栈道书》："凡山坡石嘴可锤煅者，昔人并已开治，名曰碥路。如层峦叠嶂傍有可通之径，即绕道而行。"⑧清叶昌炽《缘督庐日记抄》卷十一："下坡所行皆扁路，又极崎崄……扁路更崎岖。"⑨虽然这个意义上的"碥路"名称出现在清代，但清代以前这种以石板铺垫为路面的风俗是一直存在的。

实际上，用石头铺设行道并不是所有地区都盛行的，故明代王士绎《广志译》中谈到的"川北保宁、顺庆二府，不论乡村城市，咸石板甃地"⑩，是作为一种较为特殊的现象来讨论的。在一个地区用石板来铺设行道，附近必须有适宜的石材资源作为基础。可见，当时王士绎将它作为一种特殊现象来谈，至少王士绎家乡可能并不普遍。同时，明代王士绎也没有用"碥路"一词，这与我们上面谈到的第三个含义出现的时间是相符合的。

碥路设施的出现时间没有确切的历史文献记载。《史记·西南夷列传》载："秦时常頞略通五尺道"，唐颜师古云："其处险厄，故道才广五尺。"⑪参考今云南盐津县豆沙关石门关的道路路基来看，基本是在这一宽度上，但当时是否已经铺有碥石成为碥路呢，没有任何史料支撑。现

---

① （宋）陈彭年：《重修广韵》卷3，《景印文渊阁四库全书》第236册，台湾商务印书馆，1982—1986年，第330页。

② （宋）陈彭年：《重修玉篇》卷22，《景印文渊阁四库全书》第224册，第183页。

③ （宋）丁度：《集韵》卷6，《景印文渊阁四库全书》第236册，第602页。

④ 《十三经注疏·毛诗正义》卷15《正义》。

⑤ （唐）陆德明：《经典释文》卷7，清抱经堂丛书本。

⑥ （明）曹学佺：《蜀中广记》卷58，《景印文渊阁四库全书》第591册，第770页。

⑦ （明）张自烈：《正字通》卷7，清康熙二十四年清畏堂刻本。

⑧ （清）乔光烈：《最乐堂文集》卷1，清乾隆二十一年刻本。

⑨ （清）叶昌炽：《缘督庐日记抄》卷11，民国上海蟬隐庐石印本。

⑩ （明）王士绎：《广志译》卷5《西南诸省》，中华书局，1981年，第111页。

⑪ 《史记》卷116《西南夷列传》，中华书局，1982年，第2993页。

在存在的铺在基岩上的碥路也无法证明是秦代铺设的。范晔《后汉书·郡国志》引《蜀都赋注》曰："经益州郡，有道广四五尺，深或百丈，斩凿之迹今存，昔唐蒙所造。"[①]郦道元《水经注》卷三十二："高后六年城之，汉武帝感相如之言，使县令南通僰道，费功无成，唐蒙南入，斩之，乃凿石开阁，以通南中，迄丁建宁，二千余里，山道广丈余，深三四丈，其錾凿之迹犹存。"[②]汉代唐蒙开凿之道显然是在岩石之间开凿的，但是否已经铺设碥石，同样不可得知，所以，我们不能简单认为云南盐津豆沙关的碥路碥石为秦汉之物。王象之《舆地纪胜》卷一百八十四记载："朝天岭，在州北五十里，路径绝险，其后即朝天程，旧路在朝天峡栈阁，遂开此道，人甚便之。"[③]因现代朝天岭上的碥路仍然存在，从山势道路情况来看，可能宋代就已经有路基存在，从地形来看至少有碥路之设才好通过，但同样不能证明现存的碥石是否为宋代遗留下来的。目前考古学对木竹类、陶瓷类、金属类文物的年代鉴定在技术介入和年代器形学方面都较为成熟，但石质文物的器形年代学还不成熟，技术介入更为空白，故石材的年代鉴定还存在较大困难，特别是在没有石材记年文字和相同文化层文物支撑的背景下，断定古道上碥石开凿铺设的年代就更为困难了。

现在学术界"线性文化遗产"研究方兴未艾，各级政府相当重视古道申遗工作，从旅游开发的角度，古道遗产也受到重视。但面对古道，我们往往不区分通道、路基、碥石三个不同的概念，如直接将盐津县豆沙关古道说成秦代五尺道，直接将云南永平县霁虹桥古道说成蜀身毒道。实际上通道、路基、碥石三者的时代可能并不一样，因为一个大的通道可能不断存在小的改线，路基就会不一样。即使路基一样，由于历代都在不断修缮，所以碥石的年代可能就会不一样。不过，目前学术界在碥路石材的年代测定上还很不成熟。第一，从技术上来看，目前经常使用的同位素测年无法测量石材，而石材历史形制学还没有完全建立起来。第二，目前大多数碥路都是裸露在地表上的，很多是裸露在基岩地表上，很多现在还在使用，没有上层文化层发掘的可能。即使碥石下有土层或文化层，也无法说明碥路的时间下限，无法直接作为碥石年代的依据。所以，即使经过发掘的四川邛崃平乐、重庆垫江峰门铺也不能作为直接的年代依据。所以，现存裸露的碥路年代确定主要依据历史文化的记载和实地调查，地下发掘的工作还待工作条件的成熟来展开。应该看到，今天的在中国西南地区碥路上的遗存可能大部分是明清以来的遗存。因为明清以来历次规模的修建都让碥路路基、碥石发生过重大的变化，所以，今天我们以现存碥路历史遗迹来研究中国古代通道，可能主要是以明清时期的碥路遗迹为主体支撑。

二、古代中国西南地区碥路类型

整体来看，中国古代的碥路可分成两类。一类是石料铺垫型。这种类型是碥路的主体，是利用附近开凿的各种类型的石材（碥石）铺垫在路基上形成的碥路。由于各地的石材差异、路基环境、修路的经费限制等因素，这类碥路的类型较为复杂多样。另一类是基岩开凿型。指直接在天然的基岩上

---

① 《后汉书》卷113《郡国志》第二十三引《蜀都赋注》，中华书局，1973年，第2510页。
② （北魏）郦道元：《水经注》卷33，岳麓书社，1995年，第490页。
③ （宋）王象之撰，李勇先点校：《舆地纪胜》卷184，四川大学出版社，2005年，第5351页。

开凿梯步形成的碥路，巴蜀民间往往称为"阴凿路"。这一类相对较少，主要受具体的环境制约。

（一）石料铺垫型

我们按碥石的形状可以将石料铺垫型细分成长横条石型、拼合条石型、多种混铺型、碎石型、方石混铺型、卵石型、槽板型、堆砌型八大类。

1.长横条石型

这是最为典型的碥路类型，一般用长在1米—2米、宽在0.3米—0.5米、厚在0.1米—0.15米的长条石，横铺在路基上形成梯级或平道，我们称其为A型。有时通道对路面要求宽时，往往用两块长条石并铺，路面可达2米宽，我们将这种类型称为B型。

这种类型一般的外部条件是附近有较多砂岩岩层资源，且经济上有足够的经费支持，所以，这种类型往往在西南地区重要驿道上较多。至今我们在重庆东大路缙云山三仙洞、永川太平铺、铁岭山、大足邮亭铺，小川北路上的梁平区高都驿、赛北渡、佛尔岩、花岩，四川大竹县七块碑、渠县黄泥扁，僻北路璧山合川区云雾山，川黔大道南岸黄桷垭、綦江区茶亭，及巫山南陵山，湖北利川石板岭、彭水郁山等地都有发现。在西南地区以外的岭南地区广东、广西也多有发现，如广东潮州饶平县西片古驿道也较为典型。

这种类型梯级感明显，一般在有坡度的山区使用，往往呈现明显的梯级，但在西南地区许多平坦的田坎上也使用这种类型。

长横条石A型（重庆綦江茶亭）

长横条石A型（重庆永川太平铺段）

长横条石A型（重庆缙云山三仙洞段）

长横条石B型（四川大竹七块碑段）

长横条石B型（四川剑阁昭化段）

长横条石B型（重庆梁平佛尔岩段）

2.拼合条石型

这一类是长横条石的一种变种类型，在一些地方由于缺乏长达1米的长条石，往往采取折中的方法铺路，就是用三块以上短条石或方条石铺成一个梯级或平道，总体上一梯级的长宽与长横条石型的尺度相当。至今，在四川都江堰玉垒关、青川县摩天岭南坡、广元千佛岩碥路，贵州毕节七星关，重庆梁平百步梯，云南盐津黎山顶、豆沙关等地也多有此类型。

在一些道路上往往是长横条石型碥路与拼合条石型碥路相间，如梁平花岩一带碥路就是如此，偶尔还会出现基岩开凿型碥路穿插其中。

拼合条石型（都江堰玉垒关段）

拼合条石型（贵州毕节七星关段）

拼合条石型（贵州綦江酒店垭段）

3.多种混铺型

这种类型是用各种形状的石板无序铺垫形成的碥路，石板中有长条形、方形、不规则形状混合，一般用于路面较宽且相对平坦的路段，从形制特征上来看往往梯级不明显，因梯级明显的高差往往会制约各种形状的石板随意地拼合，如四川剑阁清凉铺、大朝段、罗江白马关，贵州毕节赤水河南岸，云南宣威可渡镇，重庆东大路邮亭老街都多有这种铺设法。

在碥路中，这种碥路是梯级感最不明显的碥路，适宜在地势平坦而岩石资源一般的地区，适应面较广，故分布量大，西南地区的许多传统城镇老街的路面也采用这种方式。

多种混铺型（四川剑阁清凉铺）

多种混铺型（四川汉源县大相岭北坡）

多种混铺型（罗江白马关）

多种混铺型（四川叙永赤水河镇）

多种混铺型（云南宣威可渡镇）

多种混铺型（重庆大足邮亭铺）

4.碎石型

　　这是将大量不规则的小石块拼合成的碥路，不论是平地还是有坡度的地方，大多数情况下梯步分级并不分明。与多种混铺型相比，这类碥路的不规则石块往往较小，一般直径在30厘米以下，且多不成片状，但大小相差不大。在中国西南地区，这类碥路的比例相当大。这类地区往往是石灰岩、花岗岩和杂石分布的地区，岩石坚硬脆性强，本身较为破碎。也有个别地区虽然有砂页岩分布，由于不当大道，为节约成本不开采条石而用碎石。这类碥路遗址在西南的川西、云贵地区较多，如四川广元朝天岭、汉源清溪大相岭南北坡，云南元谋火焰山、大关县大关垴，贵州赫章县瓦店铺等。这种类型很容易与毁坏了的拼合条石型、多种混铺型搞混，因为一些经过人为行走和自然风雨破坏后的拼合条石型、多种混铺型，人们往往是用碎石修补，修补多了就变成碎石型了。

碎石型（四川汉源大相岭南坡）

碎石型（四川甘洛县坪坝）

碎石型（云南元谋县火焰山）

拼合条石型毁坏后的碎石型（云南盐津县
豆沙关）

碎石型（云南祥云云南驿镇）

5.方石混铺型

　　这是用整块正方形、短长方形、菱形石块拼合或单独形成的碥路，一般石板长宽不超过一米，在有的坡道或小路上形成一方石一梯步之景，在平地则形成方石无规则与有规则铺设并行的状况。与多种混铺型不同的是这类碥路的每个石块大小、形状均类似，不像混合型条石形状各异，大小相差较大。西南地区许多城镇老街老巷多采用这种铺设法，如四川宜宾宗场、云南祥云云南驿等地。

方石混铺型（四川宜宾宗场）

方石混铺型（重庆合川涞滩）

6.卵石型

这种类型较少，主要是指用鹅卵石铺成路面，目前只是在四川省邛崃市平乐镇有发现。以前考古学界将路基与路面年代搞混误认为这段碥路可能为汉唐之遗留，因从文化层面来看，这段道路的路基时代较早是可以肯定的，但裸露的卵石路面的时代因没有文献记载和年代器物支撑还不能作出具体的时代判定。

卵石型（邛崃平乐镇段）

7.槽板型

这种类型一般是用长条石顺着路基铺设，两边往往铺设起棱的台阶，如云南元谋龙街、四川洪雅高庙等地，我们称之为槽板A型。有的虽然石条横铺，但两边起台阶相护形成槽状，如宜宾赤岩段，我们称之为槽板B型。有时在碥路上用规格较大较长的条石顺铺为路，形成特殊的槽板型，如四川剑阁清凉铺、重庆綦江茶亭段的部分。在西南地区的一些老街老巷中多有这种类型，也有用长条石横着路基铺设，两边再顺着铺一些石板，如四川宜宾李庄、合江先市、屏山龙华、洪雅望鱼、永川朱沱、武胜沿口、广元柏林等地。

槽板A型（云南元谋龙街段）　　　　　　　　槽板B型（宜宾赤岩段）

特殊槽板1型（重庆綦江茶亭段）　　　　　特殊槽板2型（四川剑阁清凉铺段）

8.堆砌型

　　这种类型以前我们将其分属于栈道石栈的一类①，但这种栈道同时兼有碥路的特征，即用碎石作为路基和路面。这类碥路是利用天然的基岩坡度，用碎石堆砌成道，碎石即为路基，也同时成为路面，是碥路中唯一路基与碥石一体的碥路。目前，这类遗迹只是在重庆市巫溪县大宁河有发现。

---

① 蓝勇：《中国古代的栈道类型及其兴废》，《自然科学史研究》1992年第1期。

堆砌型（巫溪大宁河宁厂）

（二）基岩开凿型

这种类型主要是利用天然岩石，在岩石上直接开凿
梯步而形成的碥路，在巴蜀民间称为"阴凿路"。目前
重庆奉节瞿塘峡口、梁平花岩段，四川蓬安杜家岩、丹
棱龙鹄山、威远新场段保存较好。

其中小川北路上的蓬安县杜家岩的这类碥路保存长
度约在200米，是目前我们发现规模最大的基岩开凿型
碥路。丹棱龙鹄山胜岩天梯虽然只有80多米长，但碥路
最为垂直陡险，在中国交通史上堪称一绝。而威远新场
古佛顶则数条基岩碥路并行，多段相间，每段长达10米
以上。这种基岩开凿型数条并行的形成原因至今仍然难
解，堪称世界交通史上的一个迷案。

碥路作为一种交通设施在中国历史上的空间分布并
不均衡，从历史上的分布来看，碥路更多分布在岩石分
布较多的地区，特别是砂岩分布较多的地区。因为在所
有火成岩、沉积岩、变质岩中沉积岩是最适宜修凿碥路

四川丹棱龙鹄山胜岩天梯

的，而在沉积岩中砂岩因硬度适中而富有韧性，成为最好开凿的碥路路基和最佳的碥路碥石石材，
其他沉积岩中的石灰岩、页岩也可以用于修筑碥路，但由于这两类岩石硬度和脆度高，往往难以成
型，成型后也因为脆性强而容易破碎，所以，一般长横条型碥路的碥石往往不是这类岩石。

从大的区域来看，碥路在中国西南地区、岭南地区、东南闽浙地区分布最为广泛，特别是西南
地区的四川盆地内部和四围地区，沉积岩中的砂岩分布较为广阔。四川盆地内部是长横条型碥路最

四川丹棱龙鹄山胜岩天梯局部

威远县新场古佛顶基岩开凿型并行碥路

四川蓬安县杜家岩碥路

多的地区，如小川北路上的南充檬子垭到牌坊湾碥路、蓬安县杜家岩基岩碥路，渠县陡嘴碥路，梁平区黄泥坝段碥路、佛耳岩段碥路、赛北渡段碥路、伍家垭口段碥路、陡梯子段碥路、蟠龙百步梯碥路、孙家花岩段碥路，垫江县峰门铺碥路是重要交通线性遗产，大多是用砂岩开凿的。特别是蓬安县杜家岩基岩型碥路，是我国目前发现规模最大的基岩型碥路遗址，也是在砂岩上开凿的，历史价值相当高，正好印证了明代王士绎《广志译》中谈到的"川北保宁、顺庆二府，不论乡村城市，咸石板甃地"的记载①，故在中国交通史的研究上有较大的碥路典范价值。同样，川黔古道上綦江茶亭段、高歇段、川滇石门道燕子坡段、清溪道荥经大相岭板桥段、金牛道剑阁境内诸段、罗江白马关段，重庆僻北路云雾山段都是砂岩上开凿碥路的典范。

---

① （明）王士绎：《广志译》卷5《西南诸省》，第111页。

重庆梁平花岩碥路中的基岩开凿型路段　　　　　重庆巫山南陵古道上的基岩开凿型路段

三、古代中国西南地区碥路附属设施

碥路修筑好后在日常取行中，出于安全、方便等因素还会形成取用方便、安全的附属设施，主要有挡马墙、防滑槽、杵子窝、车轮槽、石鼻子或石墩子（拴马桩）、指路碑六大类。

（一）挡马墙

宋佚名《南宋馆阁续录》卷二记载临安城中省馆内有拦马墙①，明范景文《战守全书》卷九《守部》记载外筑拦马墙身高一丈②，王在晋《海防纂要》卷十一记载："一城外沿濠，拦马墙此不可不坚筑，用高六七尺，内多留穴空，以便窥伺，更容放鸟铳。"③显然，文献中记载的拦马墙多是修筑在城市之内的城壕边，主要出于军事防御诉求，一般高在一丈六七尺高。碥路拦马墙在性质上与此不同，主要是在一些陡险易滑之处设立，为防止骡马打滑而设，相当于今天我们公路边的安全护栏。我们目前发现的碥路的拦马墙一般较低矮，最高不超过70厘米。这样的高度，可能还有供过往行客休息的作用。目前我们发现西南碥路的拦马墙较为典型的有四川剑阁县清凉铺段、昭化天雄关段、大竹县七块碑段，重庆彭水县郁山段，云南盐津高桥段。

---

① （宋）佚名：《南宋馆阁续录》卷2，《景印文渊阁四库全书》第595册，第469页。
② （明）范景文：《战守全书》卷9《守部》，明崇祯刻本。
③ （明）王在晋：《海防纂要》卷11，明万历刻本。

四川剑阁县清凉铺挡马墙

四川昭化天雄关挡马墙

四川大竹县七块碑拦马墙

重庆彭水郁山拦马墙

（二）防滑槽

在许多碥路上，有时会利用天然的一些基岩直接作为通道，路基与碥路合为一体，但如果这些基岩有一定的坡度往往在雨湿的情况下会打滑，所以，古人往往会在这样的碥路上开凿一些防止打滑的石槽，形成防滑槽，也有的是在有一定坡度的多种混合型碥路石板上刻凿形成防滑槽。这些防滑槽一般是横行并行开凿，但密度并不完全一致。槽与槽之间一般相隔多在10厘米左右。目前，我们发现较为典型的有四川剑阁县大朝段、简阳龙泉山三道斜段，重庆綦江茶亭段、中梁山二郎关段、缙云山水口段。

四川简阳东大路三道斜石板防滑槽   金牛道剑阁大朝段防滑槽

四川剑阁清凉铺段防滑槽   云南大关县吉利老母城防滑槽

（三）杵子窝

  杵子，在民间称为打杵子、背杵子，是用木头制作用于背夫休息时支撑背架的工具。在背夫背重物运输时，长期的运输过程中往往形成相对固定的休息点，这就形成相对固定的放置负重背架的杵子窝。背夫在休息时只是将背杵子置于背架下，背夫并不放下背架站立休息，一可避免坐下休息形成的惰性，一可避免升降沉重背架货物消耗体力。一般来说，杵子窝有人工初开的可能，也有长期杵子磨压形成的可能。

  这里要说明的是，在许多地方现在有人认为这些石窝是马蹄印，是历史上马帮的产物，称为蹄

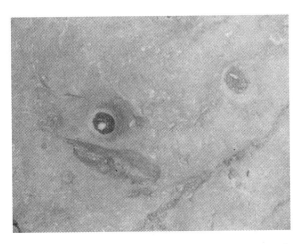

四川天全两路杵子窝

贵州毕节七星关杵子窝

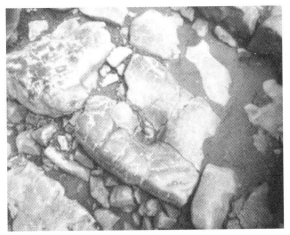

云南盐津豆沙关杵子窝

窝，这是完全错误的认知。我注意到前几年为北京"京西古道"上的石窝是"蹄窝"还是"壶穴"出现过争论[①]，实际上认为是蹄窝的观点缺乏基本逻辑和历史背景支撑。

1.我们知道，马帮中的骡马是四蹄按正常频率规律行进的，其对路面的磨损基本是均质的，所以，完全一样地在碛石上均匀行进，对任何碛石的磨损应该是一致的，由此，从理论上讲完全依靠马蹄是不可能在某几处碛石上形成窝穴的。这应该是一个基本的逻辑常识。

熟悉马帮行时规律的都知道，骡马蹄形为前趋形状，一般骡马在行进起脚前会尽可能避免抬脚刮擦，所以，在路面宽广时，骡马是尽量避免踏入深穴的。但一些路面狭窄处，骡马没有选择空间时，蹄子踏入宽平的浅穴也是正常的（如苏德辰文中展现的中央电视台《茶马古道》的视频截图）。我们发现碛路上的杵子窝普遍只有一个单独石窝，即使有两个相邻也相隔较远，骡马不可能在行进中或休息时只有一蹄在一个固定的窝中不断磨合形成一个石窝。有的壶穴的石窝较为密集，间距只有二三十厘米，更不可能为一群骡马休息时同时蹄踏而形成的。最重要的骡马负重休息为了节约体能是不可能频繁蹬踏的，这也是一个常识。

2.我从20世纪80年开始一直从事西南地区古道考察，在云南、贵州和川西地区一些山区马帮仍然是重要的运输组织，我也曾几次随马帮一起行走，可以说我是传统马帮的学术见证人之一。在伴随马帮的行走中，当时，赶马人从来都认为路上偶然遇到的穴窝为杵子窝，当时并没有听说是蹄印的，而我在行进中倒是遇见过背夫将背杵子插入窝穴而获得休息的场景，现在我们在田野调查中一些年长的

---

① 苏德辰：《是蹄窝，不是壶穴——北京西山古道蹄窝成因考》，《地质评论》2016年第3期；嵇少丞：《关于基岩山坡度上的暴雨流冲刷坑被误认为耕兽蹄印的论文》，《大地构造与成矿学》2017年第6期；嵇少丞、黎乐：《再论北京西山山地壶穴的形成特征与成因机制》，《冰川冻土》2018年第4期。

背夫也只知道这些是杵子窝。实际上这些石穴被认定是马蹄印不过是在近十多年来，由于中国传统文献中往往并不记录传承这些生活生产细节，而大多数年轻一辈并不熟悉马帮古道文化，年长一批人也少有关注马帮碥路文化，人们由此臆想出来为马帮马蹄所为，而各地旅游开发也在助长这种错误认知的传播。

云南大关县大关垴杵子窝

实际上，现在中国各地古代碥路上的各种石穴主要是三种类型，杵子窝、壶穴、柱臼穴。杵子窝主要出现在背负运输的中国南方山区，特别是西南地区。壶穴则南北各地都有存在，主要是在道路、河谷地带较多分布，在西南地区的碥路上，同样是杵子窝与壶穴并存，川滇石门道云南大关县吉利铺老母城段的壶穴相当典型，状况与北京"京西古道"上的壶穴十分相似，也曾被人误认为是马蹄印。在山地小河谷中的岩石中壶穴更是数量众多，有被误认为柱臼穴的情况。在碥路上的柱臼穴也较多，主要是栏杆柱臼穴、石龛阁柱臼穴两大类，这两类多在碥路的边缘上，穴口直角平直，人工开凿痕迹明显。

云南永平县霁虹桥段杵子窝

当然，在历史上碥路上的马蹄也与杵子窝、壶穴也有一定关系，因为在一些狭窄的碥路上，骡马的马蹄可能会踏入已经形成的低浅杵子窝和平浅壶穴中，增大磨损的程度，但这并不是形成这些石穴的初始和主要原因。而且在一些宽平的道路上，骡马一般会有意避开各类穴槽行进的。同时，水力的自然冲刷会将已经形成的杵子窝扩大加深，也不排除杵子窝本身是利用天然的壶穴，人工加大了壶穴的磨损。所以，在有些古道上杵子窝与壶穴往往难以区分。

川鄂大道利川段杵子窝（桩孔、壶穴？）

重庆东大路杵子窝

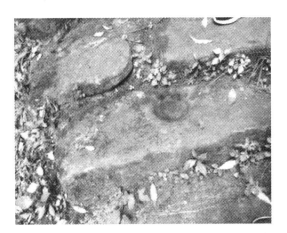

四川剑阁县段杵子窝

川鄂大道巴东野三坝栏杆孔

云南大关县吉利铺老母城古道上的壶穴孔群

（四）车轮槽

在巴蜀一些较为平坦的碥路上，除了人行、马骡行进外，还使用独轮车运输人和物，民间称这种独轮车为鸡公车，传说是来源于三国时代木牛流马。为了使独轮车行进较为平稳，人们往往在碥路上人工开凿一道行道槽，便于独轮车车轮在固定车道上行驶，成为中国最早的"轨道交通"设施。目前，这类设施在四川罗江县白关马附近最为典型，附近绵阳新铺也有保留。从保留下来的照片看，以前成都平原地区的碥

清代成都平原鸡公车道

路上也多有此车轮槽，但现在成都平原上的碥路已经完全被人为破坏，所以没有遗迹存留了。

四川绵阳新铺车轮槽

四川罗江白马关车轮槽

（五）石鼻子、石墩子（拴马桩）

石鼻子是在基岩上挖空成通透的洞穴，主要用于锚定舟船，同时也用于拴定骡马，如贵州丙安古镇下的石鼻子就是水陆两用的设施。石礅子，功能同石鼻子，但形制不同，如贵州丙安古镇下的石墩子。在广元朝天岭、剑阁古道上也有专门用于供人休息和拴马的石墩子。

贵州赤水丙安石墩子

贵州赤水丙安石鼻子

昭化朝天岭上石墩子　　　　　　　四川夹江千佛岩石鼻子

（六）指路碑

在碥路上，为了让人们行进方便，在路口往往立有指路碑，指示上下东西的地望和里程。如我们发现的云南永宁土司指路碑，四川崇州上古寺指路碑，贵州桐梓县九龙沟指路碑、松坎指路碑等。

四川崇州上古寺指路碑　　　　　　　云南永宁土司指路碑

四川绵阳朝阳厂指路碑　　　　　　　贵州桐梓县九龙沟指路碑

　　除此以外，碥路相关的文化设施也较多，如观音神龛、泰山石敢当及各类牌坊、功德碑等，因不直接与交通运输相关，故不在本文的讨论范围内。同时，与碥路运输有关的驿站、铺塘、客店、茶亭之类，虽然我们发现许多，但也不在本文讨论之中。

四、中国西南碥路的消失与遗迹价值

　　我们知道，碥路是传统陆路交通的基本设施，其功用随着现代交通的出现逐渐消亡。但这个消亡的过程在中国西南地区本身是较为缓慢的。民国时期，特别是在抗日战争时期，由于大后方交通的困难，当时人们在使用现代交通设施的同时，鼓励发展战时驿运，曾对西南地区的一些传统碥路进行过一些修缮。中华人民共和国成立以来，由于地区之间、城乡之间的发展差异，在西南地区的一些碥路仍然发挥着重要的交通运输的作用。

　　20世纪八九十年代我在西南地区进行古道田野考察时就发现，当时许多古代驿道仍然是当地百姓出入的重要通道，如四川汉源草鞋坪垭口、飞越岭垭口、南江官坝至大坝米仓道段、川黔九店垭到松坎段，重庆綦江区茶亭路段等，所以，80年代四川、云南、贵州省测绘局编印的按1∶250000比例的分县《四川省地图集》《云南省地区图》《贵州省地图集》中用虚线画出大量仍在使用的小路，实际上很多都是以前古道碥路的路线。

　　碥路的大量废弃主要是在近50年内，随着现代交通的通达，特别是近20年乡村公路建设的发展，在村村通公路的背景下，传统碥路大多失去了存在的必要。在碥路的必要性逐渐失去后，具体有三种破坏方式对其影响最大：

　　第一是在乡村人们修建房屋、维护田土时，大量撤毁碥路条石用于建房屋、砌墙坎、铺地面、砌猪圈。我们在西南地区的田野考察中发现当地的庭院、猪圈、厕所、田坎使用了大量碥石。绵阳梓潼县新铺现在因为旅游开发的需要，就是把从众多老乡家中寻回原来的碥石在原路基上重新铺设了一段碥路。

　　第二是在城市、工业、重大交通、水利工程建设过程中，一是将碥路从路基到路面都完全撤毁破坏，一是用现代材料覆盖碥路路面，碥路自然不复存在。后者我们在东大路、小川北路考察时就发现大量用现代石板、水泥覆盖碥路石板的状况，如东大路的永川牛尾铺段、小川北路万州段就较为典型。

　　第三是由于风雨的长期侵蚀，受泥石流冲击和泥土冲压覆盖的影响，一些没有撤去的碥路已经呈现残破之象，只存留少量零乱的碎石和泥土的路基。

　　直到今天，在西南地区仍然保存许多碥路遗迹，如小川北路上的金堂县醪糟店段碥路，三台县留使坡石碑和碥路，南充檬子垭到牌坊湾碥路、南充高坪楠木岭段碥路，蓬安县杜家岩基岩碥路、渠县陡嘴碥路，大竹县柳树垭段碥路，梁平区黄泥坝段碥路、佛耳岩段碥路、赛北渡段碥路、伍家垭口段碥路、陡梯子段碥路、蟠龙百步梯碥路、孙家花岩段碥路、石马山碥路，垫江县峰门铺碥路是重要交通线性遗产。特别是蓬安县杜家岩基岩型碥路，是我国目前发现规模最大的基岩型碥路遗址，历史价值相当高。而渠县陡嘴碥路、梁平区黄泥坝段碥路、佛耳岩段碥路、赛北渡段碥路、伍家垭口段碥路、陡梯子段碥路、蟠龙百步梯碥路、孙家花岩段碥路也是规模较大的古代碥路的遗址。

其他如东大路的永川铁岭山段、九龙坡三仙洞至关口段、太平铺至牛尾铺段、剪刀铺段、铜钟河至五里铺段，川黔大道茶亭、高歇段、酒店垭段，金牛道的剑阁、昭化、梓潼县诸段，石门道的燕子坡段、大关垭段，清溪道的大相岭南北坡、小相岭南北坡段、雅安荥经南段，阴平道的摩天岭南北坡段，乌撒入蜀旧道的七星关段、可渡镇段、赤水河镇南北段，川鄂大道利川石板坡段、齐岳山南坡段、宜宾赤岩段的碥路仍然保存较好。其他支路上的丹棱胜岩天梯、威远新场古佛顶碥路特色鲜明而有许多未解之谜，应该在世界交通史上有重要的地位。而诸多干线上几米到十几米长的零散碥路遗址和支线上较长的碥路遗址更是数量众多。可以说，中国西南地区的传统碥路遗迹以遗迹量大、类型众多而在中国乃至世界交通史上的地位突出，应为世界的重要文化遗产。

上海NANTAO（南道）地名考

阙维民

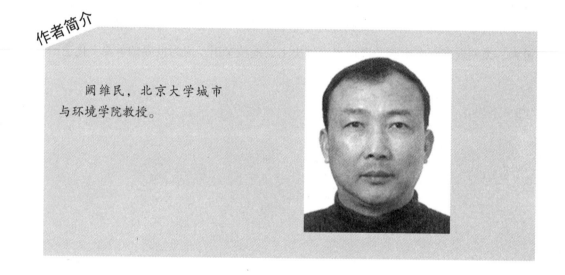

作者简介

阙维民，北京大学城市与环境学院教授。

摘　要：Nantao（南道）是由英国人命名、1894—1951年见载于上海英文报刊的英文地名，是上海近代史中具有鲜明特色的历史地名。作为没有准确汉语地名相对应的上海英语地名，Nantao迄今尚未被专题研究，更无人触及Nantao地名命名的确切缘由。本文认为，Nantao的英文地名命名，源自位于上海外国租界之"南"的上海"道"署，因此，Nantao的准确对应汉语当为"南道"。外国人用外国语言命名中国地名，在中国近代外国人编撰编绘的以中国专题为主的著述与地图中，是普遍现象。但由外国人命名并指代中国地方范围的外语地名却无准确对应的汉语地名之现象，有必要予以特别地学术关注。

关键词：上海县城；董家渡；上海道；南道；华界

　　Nantao（南道，以下行文称Nantao）是由英国人命名、1894—1951年见载于上海英文报刊的英文地名，是上海近代史中具有鲜明特色的历史地名。关于Nantao英文地名的命名缘由、确切的英文定义、对应的汉语地名、指代的地方范围及其来龙去脉，迄今未见专题学术研究，故本文以见载于近代上海英文报刊、英文地图与上海地方志等相关资料为论据而立题探讨之。

一、Nantao的历史记录

Nantao的历史记录，主要见载于近代英文报刊、英文地图与中英双语地图等文献档案。

（一）英文报刊记录

据"全国报刊索引"检索，Nantao的历史记录，共见载于11种发行于上海的近代英文或中英双语报刊（表1）：

表1：见载Nantao的报刊①

刊名		收藏年限		见载条（次）数
中文	英文	起始日期	终止日期	
字林西报	*The North-China Daily News*	1864.07.01	1951.03.31	1422
大陆报	*The China Press*	1911.08	1949.05	1159
字林西报行名录	*The North China Desk Hong List*	1872.01	1941.07	402
北华捷报和最高法庭与领事公报	*The North-China Herald and Supreme Court & Consular Gazette*	1870.01.04	1941.12.03	326
普益周刊	*Nantao Christian Institute Weekly Bulletin*	1926.03	1926.09	14
北华捷报星期新闻增刊	*The North-China Sunday News Magazine Supplement*	1929.11.24	1940.05.05	2
普益月刊	*The Monthly Bulletin of Nanto Christian Institute，*	1926.10.20	1928.10.01	2
大陆报周日版	*The China Press Sunday*	1911.09	1929.01	1
市政公报	*The Municipal Gazette*	1908.01	1921.09	1
上海医事周刊	*The Shanghai Medical News*	1935.04	1948.12	1
战时画报	*The War Pictorial*	1937.08	1937.11	1

由表1可知，见载Nantao的11种报刊，有如下事实：

1. 除《普益周刊》《普益月刊》《上海医事周刊》与《战时画报》为中英双语刊外，其余均为英文报刊。

---

① 资料来源：全国报刊索引https://www.cnbksy.com/search?author=&searchContent=Nantao&categories=1%2C2%2C3%2C4%2C6&types=1%2C2%2C3；Copyright 2015。

2. 《普益周刊》与《普益月刊》有先后承继关系。

3. 《北华捷报和最高法庭与领事公报》简称《北华捷报》；《北华捷报星期新闻增刊》是《北华捷报》的增刊；《北华捷报》是《字林西报》的副刊。

4. Nantao集中见载于《字林西报》《大陆报》《字林西报行名录》与《北华捷报》4种英文期刊。其中，除《大陆报》[①]是由孙中山、伍廷芳、唐绍仪等人集资授权美国人米勒德（Thomas F. Millard）创办外，其余3种均由英国人创办。

5. 最早与最晚见载Nantao的期刊是《字林西报》[②]，且见载条（次）数也最多。

（二）地图标注记录

以北京大学图书馆为检索库源，共检索到16幅标注Nantao地名的近代上海地图（表2）。其中：

1. 三种上海古旧地图集，刊载了英文版近代上海地图12幅，日文版、中英双语版与法语版各1幅。

2. 单幅近代上海地图英文版1幅。

（三）见载报刊年限

现有资料显示，见载于英文报刊的Nantao共3388条（次），其中有"全文状态"的为3331条（次）。在集中见载Nantao的4种英文报刊中，《字林西报》创刊时间最早、停刊时间最晚、刊载Nantao的次数最多，也是最早与最晚刊载Nantao的报刊，第一次与最后一次分别见载于1894年4月9日[③]与1951年3月22日[④]。而最早与最晚标有Nantao地名的英文地图之年份，据已检索所获结果，分别是1900与1945年（表2）。1951年3月31日随着《字林西报》的封刊后，在所有英文期刊中，再未检索到Nantao的使用记录，说明：从1951年4月起，Nantao即进入历史地名行列，共存世58年。

---

① 叶向阳：《〈大陆报〉（*The China Press*）——美国在华的主要报纸》，《英语学习》2003年07期，第65-66页；陈鹏军：《〈大陆报〉沉浮录》，《山西青年》2012年第11期，第78-80页；袁伊：《近代在华美式报刊之翘楚——〈大陆报〉》，《新闻研究导刊》2015年第11期，第265页。

② 王娟：《百年英文报刊〈字林西报〉探微》，《青年记者》2017年第29期，第128页；郭薇、梅颢：《〈字林西报〉的发展演变及研究价值初探》，《长江丛刊》2017年第06期，第53、55页。

③ The local mandarins are making out a list of the families and houses that suffered in the recent great fire at Tungadoo and Nantao, *The North-China Daily News*, April 9, 1894, p.3.

④ Registration for Use Of Nantao Stadium, *The North-China Daily News*, March 22, 1951, p.2.

表2：标注Nantao地名的近代上海地图[①]

年份	图　名	语种	Nantao地名在地图上的标注		资料来源
			上海县城"城厢"	上海县城外东南郊区"负郭之地"	
1900	A Map of the Foreign Settlements at Shanghai	英	Nantao	Riverine Suburb	[1] pp.3-26
1904	A Map of the Foreign Settlements at Shanghai		Chinese City	Nantao (Faubourg DE) and Riverine Suburb (Tonkadou)	[1] pp.5-7
1905	Illustrated Historical Map of Shanghai		Chinese City	Nantao	[4]
1918	Map of Shanghai		Chinese City	Nantao	[1] pp.7-2
1921	Nantao (Chinese Bund)		——	Nantao	[3] p.79
1923	Map of Shanghai		Chinese City	Nantao	[1] pp.7-11
1923	Map of Shanghai		Chinese City	Nantao	[2] p.173
1928	Plan of Shanghai		Chinese City	Nantao	[2] p.184
1932	Map of Shanghai		Chinese City	Nantao	[2] p.186
1932	最新上海地图	日	城内 Chinese City	南市 Nantao	[1] pp.8-23
1933	Map of Shanghai	英	Chinese City	Nantao	[1] pp.8-28
1933	Plan of Shanghai & Environs		Chinese City	Nantao	[2] p.193
1933	中英合璧上海全图(1933 Map of Shanghai）	中英	城内 Chinese City	南市 Nantao	[1] pp.8-27
1933	Shanghai Catholique	法	CITE	NANTAO	[1] pp.8-29
1940	Plan of Shanghai & Environs	英	Chinese City	Nantao	[1] pp.9-18
1945	New Map of Shanghai		Chinese City	Nan Tao	[1] pp.9-27

Nantao在1894—1951年见载于报刊的58年内，年见载报刊的条（次）数有较大波动，可分为5个阶段（表3）：

1. 初始期（1910年之前），仅见载于4个年份：1894年、1902年、1907年与1909年，且每年仅1条（次）。

① 资料来源：（1）孙逊、钟翀主编：《上海城市地图集成》（上、下册），上海书画出版社，2017年；（2）顾建祥、安介生主编：《上海市测绘院藏近代上海地图文化价值研究》，上海辞书出版社，2019年；（3）张伟等编著：《老上海地图》，上海画报出版社，2001年；（4）Carl Crow (Designing), Illustrated Historical Map of Shanghai, Shanghai Municipal Council, 1905，燕京大学图书馆藏 910.51/C885/71065，北大图书21101001304943.

2．上升期（1911—1931年），年见载10条（次）数以上的年份始于1912年，且整体呈上升趋势。

3．高峰期（1932—1938年），年见载均在150条（次）以上，1937年（353条）与1932年（311条）为两个峰值年。

4．骤降期（1939—1944年），年见载从1938年的154条骤降到1939年的55条，再从1940年的121条骤降到1942年的0条，1942—1944年未见载。

5．末尾期（1945—1951年），年见载均未及40条（次），1951年仅4条（次）。

表3：1894—1951年Nantao见载于报刊的年度条(次)数[①]

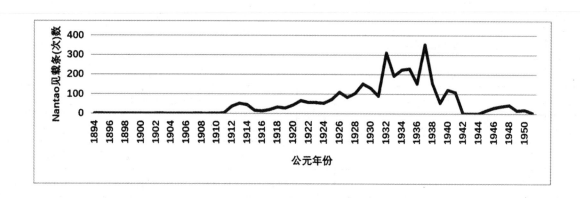

二、Nantao的英文定义

Nantao是英国人命名并使用的地名，因此，英国人对Nantao的英文定义，以及其他语言国对Nantao的理解与使用，可以较准确地认识Nantao所指代的地方范围及其地名特征与地名时效。

（一）上海县城——"城厢"[②]（city，or town）

英国人对"上海县城"的定义，最初在地图上标注为Shanghai Walled City[③]、Chinese Town[④]，但

---

① 资料来源：全国报刊索引https://www.cnbksy.com/search?author=&searchContent=Nantao&categories=1%2C2%2C3%2C4%2C6&types=1%2C2%2C3。

② "城厢"与"负郭之地"，见李凤苞："图识"，见载于清邱玉符、许雨苍绘：《上海县城厢租界全图》，评月馆主人绘刊，1875年。转引自孙逊、钟翀主编：《上海城市地图集成》（上、下册），上海书画出版社，2017年，第3—4页。

③ Map of "Shanghai and Its Suburbs about 1853"，George Lanning, et al，*The History of Shanghai*，Trubner and Co.，1921.转引自孙逊、钟翀主编：《上海城市地图集成》（上、下册），第2—5页。

④ E. J. Powell，*City and Environs of Shanghai*，Hydrographic Office of the Admiralty，1862，转引自孙逊、钟翀主编：《上海城市地图集成》，第3—9页。

自1894年以后，在英文报刊文章中逐渐以Nantao指代上海县城暨城厢，如：the suburb of Nantao[①]、the Chinese City or Nantao[②]与the Nantao (Chinese City)[③]等。并明确定义：Nantao "是本地（上海）古城"（Nantao is the ancient native City）[④]。

即使今天，Nantao依然被定义为"（作为与外国租界相对应的）上海筑有城墙的中国城"［the Chinese Walled city of Shanghai (As opposed to the Foreign Concessions)］[⑤]，其地方范围明确，即上海县城。

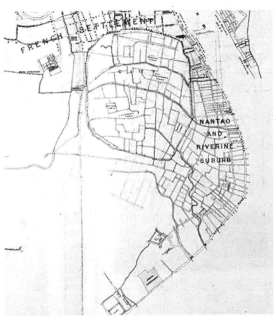

图1 指代"上海县城"的Nantao[⑥]

① ABOUT noon yesterday a fire broke out in a Chinese store in the suburb of Nantao and in spite of the efforts of the native Brigade spread very quickly and kept ablaze throughout the afternoon, *The North-China Daily News(1864-1951)*, May 31, 1907, p.7.

② One of the iron gates dividing the French Concession from the Chinese City or Nantao, *The China Press*, November 21, 1937, p.11.

③ OWING to the failure of certain machinery, the Nantao (Chinese City) water supply was disconnected on Sunday and the people were put to considerable inconvenience. *The North-China Daily News(1864-1951)*, July 30, 1929, p.8.

④ "Nantao is the ancient native City", Sketch Map of Shanghai, Shanghai: Mr. C. J. Clackett's Impressions, *The Bournville Works Magazine*, Vol.XXXVI. No.2. Feb., 1938, p.41.

⑤ "Its initial objectives were the treaty port of Nanjing (Nanking) and Nantao, the Chinese Walled city of Shanghai (As opposed to the Foreign Concessions). …… they advanced and captured Nantao, the Chinese old city of Shanghai". Keith Stevens, 'Duncan Force' –the Shanghai Defence Force in 1927, & the Career of Captain Ronald Spear, *Journal of the Royal Asiatic Society Hong Kong Branch*, 2008, Vol.48 (2008), pp.151-174.

⑥ 资料来源：Stanford's Geographical Establishment (in London), A Map of the Foreign Settlements at Shanghai, *The North-China Daily News*, 1900. 法国国家图书馆藏，图上留有购图者J. J. Chollot（法租界首席工程师，中文名邵禄）于1901年12月10日所写注记。转引自孙逊、钟翀（主编）：《上海城市地图集成》（上册），上海书画出版社，2017年，第63页。

（二）上海县城外东南城郊——"负郭之地"[①]（suburb）

指代"负郭之地"的Nantao，英文定义为："Nantao, between Chinese City and the river（Nantao，位于中国城与黄浦江之间）"[②]，实质是指北窄南宽、自北而南再迤西的江漫滩。

上海县城外东南郊区，在英文地图上最初标注为Suburb[③]、Eastern Suburb[④]、Riverine Suburb[⑤]。1894年，当Nantao作为指代上海县城城厢而第一次见载英文报刊时，其对应的东南郊区"负郭之地"被称之为Tungadoo[⑥]，法文地图标注为Tong-Ka-Dou[⑦]。

无论是英文Tungadoo还是法文Tong-Ka-Dou，都是据上海方言音译的"董家渡"。历史时期，上海县城外东南黄浦江西岸有近30处渡津口[⑧]，绝大多数称"码头"，仅董家渡等3处称"渡"；今天的上海外滩，除原法租界与华界交界处的十六浦与小南门外的董家渡尚存外，其余码头均已不存；董家渡，是上海县城外东南城郊最重要的地名，1858年的中文地图[⑨]与1862年的英文地图[⑩]上，上海县城外东南城郊的黄浦江滩，仅标注董家渡（Tong-Ka-Du）一处地名。今天称董家渡街道，已扩展为行政基层单位地名。

Nantao从指代"上海县城"转而指代"东南郊区"，始于1904年（图2），由法国人的误解所致，有如下两个历史事实：（1）图1由法国人购置并藏于法国国家图书馆；（2）图2将在图1中指代CITY的NANTAO，用法语错误地标注为FAUBOURG DE（郊区），而将RIVERINE SUBURB，用法语标注为TONKADOU（董家渡）。

---

① "城厢"与"负郭之地"，见李凤苞，图识，见载于清邱玉符、许雨苍绘：《上海县城厢租界全图》，评月馆主人绘刊1875年。转引自孙逊、钟翀主编：《上海城市地图集成》（上、下册），第3—4页。

② Nantao, between the Chinese City and the river, ……, Chatham House, The Royal Institute of International Affairs, *Chronology, Bulletin of International News*, Nov.13, 1937, Vol.14, No.10 (Nov.13, 1937),

③ Map of "Shanghai and Its Suburbs about 1853", George Lanning, et al, *The History of Shanghai*, Trubner and Co., 1921.转引自孙逊、钟翀主编：《上海城市地图集成》（上、下册），第2—5页。

④ Map of "City, Settlement, and Environs of Shanghai"(1861), Stored in The National Archives, UK. 转引自孙逊、钟翀主编：《上海城市地图集成》（上、下册），第3—8页。

⑤ Stanford's Geographical Establishment (in London), A Map of the Foreign Settlements at Shanghai, *The North-China Daily News*, 1900. 法国国家图书馆藏，图上留有购图者J. J. Chollot（法租界首席工程师，中文名邵禄）于1901年12月10日所写注记。转引自孙逊、钟翀主编：《上海城市地图集成》（上、下册），第3-26页。

⑥ "The local mandarins are making out a list of the families and houses that suffered in the recent great fire at Tungadoo and Nantao." *The North-China Daily News (1864—1951)*，1894年4月9日[003版][笔者注：此文为Nantao首次见载，其中Tungadoo and Nantao，即指称"董家渡（即'东南城郊'）"与"上海县城"]。

⑦ Capitaine Gadoffre（贾道富，沪西法营守备），*CHANG-HAI et ZI-KA-WEI*, MUSELLI ET RINGUE, 1901, 转引自孙逊、钟翀主编：《上海城市地图集成》（上、下册），第3-28页；Capitaine Gadoffre, *CHANG-HAI ET ENVIRONS*, Presse Orientale, Shanghai, 1902. 转引自孙逊、钟翀主编：《上海城市地图集成》，第2—5页。

⑧ 民国《上海县续志》卷4，民国七年铅印本（copyright:北京爱如生数字化技术研究中心），第334—335页。

⑨ 佚名：《上海县城及英法租界图》（约1856—1858），中国国家图书馆藏。转引自孙逊、钟翀主编：《上海城市地图集成》（上、下册），第1—4页。

⑩ E. J. Powell, *City and Environs of Shanghai*, Malby & Sones, 1862. 转引自孙逊、钟翀主编：《上海城市地图集成》（上、下册），第3—9页。

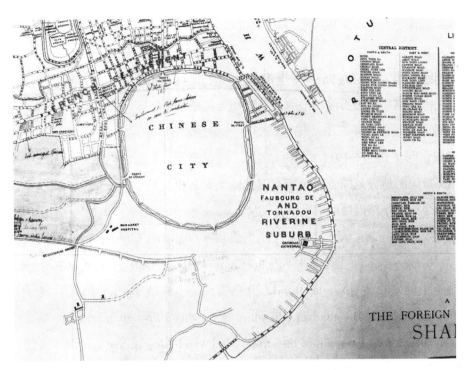

图2 指代"东南城郊"的Nantao始于1904年[1]

《大陆报》曾有报道："Object to Resignation of Chinese Police Chief Mo, Efficient Executive Now Controls Police of Chapei, Woosung, Nantao and Old City（反对中国莫警长辞职，目前这位高效率的实权人物掌控着闸北、淞淞、Nantao与古城的警察）"[2]。此报道将Nantao与Old City（古城）并列，即指古城"城厢"外的"负郭之地"。

又如both in the Native City and in Nantao[3]（无论在古城还是在Nantao）中的Nantao，与古城并称，也指"负郭之地"。

1912年上海县城城墙被拆后，"城厢"与"负郭之地"被连成一片，Nantao遂从或指代"城厢"或指代"负郭之地"转而指代"城厢+负郭之地"（见下文）。为了将指代"负郭之地"的Nantao区别于指代"城厢+负郭之地"的Nantao，也为了强调东南郊区的"江滩"地理特征，遂以更

---

① 资料来源：A Map of the Foreign Settlement at Shanghai, the North China Herald Office, 1904.转引自孙逊、钟翀（主编）：《上海城市地图集成》（上册），第105页。

② *The China Press*, September 26, 1913, p.1.

③ During the past four days the northern troops have been conducting a search for arms and ammunitions both in the Native City and in Nantao. *The China Press*, August 6, 1913, p.2.

为明确的Nantao Bund[①]、Chinese Bund[②]、Shanghai Bund[③]以替代指代"负郭之地"的Nantao。

（三）上海城厢＋东南城郊——上海城乡（city+suburb）

民国初年上海县城城墙被拆除，上海县城城厢与城外东南郊区即开始统称Nantao。

上海县城城墙始筑于嘉靖三十二年（1553）[④]。光绪三十三年（1907）五月，开始议拆城门、填河筑路。宣统年间（1909—1911）始拆城门[⑤]。民国之初，上海城内城外即连成一片。因此，民国之初的Nantao指代的地方范围，既包括上海县城城厢，也包括县城外东南江滩城郊，即包括上海城乡，但不包括今南车站路以西的"上海县辖境"[⑥]。

由于这一定义的Nantao，大于并包含了上海县城（Shanghai City），故在报刊载文中叙述为：Shanghai City, Nantao（Nantao上海城）[⑦]或 the Chinese City in Nantao（Nantao的中国城）[⑧]。

而下列报道中的Nantao与Nantao Bund，分别指代"上海城厢＋东南郊区"与"东南郊区"：MEMBERS of the Nantao Fire Brigade had difficulties in fighting a fire which broke out in a shop in Nantao Bund on Tuesday afternoon on account of the strong wind which blew at that time.（星期二下午，Nantao Bund一家商店发生大火，由于当时风势强劲，Nantao消防队队员灭火艰难）[⑨]

（四）法租界以南的华界——沪南（南市）区（Shanghai）

1927年7月至1937年11月，是上海特别市时期，此时的Nantao是指法租界以南的整个上海华界——沪南区[⑩]，有时以Shanghai代之。其范围不仅包括上海县城城厢、上海县城外东南城郊江滩，

---

① A very pleasant ceremony took place yesterday afternoon in the court yard of the Chinese Catholic Tong Ka Dou church on the Nantao Bund. *The North-China Daily News(1864-1951)*, October 11, 1915, p.10.

② "WE understand that the tender for the additional electric lighting of the Chinese Bund has been let to the Oriental Electrical and General Import Company". *The North-China Daily News(1864-1951)*, March 8, 1899, p.3; "AT 1.50 a. m. on Saturday a fire broke out in a tea-shop on the Chinese Bund". *The North-China Daily News(1864-1951)*, October 12, 1908, p.7.

③ The Shanghai Bund is certainly not the country, *The North-China Daily News(1864-1951)*, February 10, 1948, p.5.

④ 崇祯《松江府志》卷19载："嘉靖癸丑九月，知府方公廉因倭乱、从邑人顾从礼建议筑浚，命通判李公国纪同从礼旦暮督工，兴筑数月克就"，明崇祯三年刻本（copyright:北京爱如生数字化技术研究中心），第1933—1935页。

⑤ 民国《上海县续志》卷2载："三十三年五月，总督端方、巡抚陈启泰准巡道瑞澂详会奏：上海开辟城门、填河筑路。六月，旨准。宣统元年五月，于跨龙、仪凤门之间辟尚文门，六月，于仪凤、晏海门之间辟拱辰门。九月，改大晏海门，二年四月，改大宝带门，九月，于宝带、障川门之间辟福佑门。三年三月，改大朝阳门，均就地筹捐济用（宣统三年九月改革后实行拆城矣）"，民国七年铅印本（copyright:北京爱如生数字化技术研究中心），第142页。

⑥ 童世亨编：《实测上海城市租界分图》，商务印书馆，1918年。转引自孙逊、钟翀主编：《上海城市地图集成》（上、下册），第1—7页。

⑦ CHINESE Volunteers from Shanghai City, Nantao, The North-China Daily News(1864-1951), May 24, 1926, p.16; Labor Unrest In Shanghai Still Continues Daily, Medicine Shops Reopen In Chinese City, Nantao, *The China Press*, July 3, 1929, p..

⑧ PART of the Chinese city in Nantao was thrown into darkness at about 10.15 p. m. on Friday when the electricity supply to the shops in Small East Gate, *The North-China Daily News*, March 23, 1930, p.8.

⑨ *The North-China Daily News(1864-1951)*, December 19, 1929, p.14.

⑩ 上海市地政局：《上海市区域现状图》，1927年。转引自顾建祥、安介生主编：《上海市测绘院藏近代上海地图文化价值研究》，上海辞书出版社，2019年，第19页。

还包括上海县城外西南、西部的江滩地（即今南车站路以西、黄浦江北岸迤西至今中山西路一带，这一地方范围在此前的地图上标为"上海县辖境"）。此时的沪南区，与龙华[1]、吴淞[2]、浦东[3]、闸北[4]等地区并列。

1937年12月至1941年12月的日占时期，沪南区更名为南市区；汪伪统治时，1941年12月撤销南市区，改直辖；1943年12月，设置为第七区；1944年8月撤销第七区，改直辖。1945年8月抗战胜利，恢复沪南区[5]。

（五）邑庙区+蓬莱区——邑庙+蓬莱区（Nantao district）

1945年12月，沪南区被行政调整，分为多区，其西部原来的"上海县辖境"，被调整划分为嵩山、卢湾、常熟、徐汇4区的南半部，而原上海县城及其东南城郊，被调整为完整的邑庙区与蓬莱区[6]，相对于上海城厢+东南城郊的地方范围而言，其西部边界略有扩展。而原来的上海县城范围被一拆为二，以今复兴东路为界，北部（上海县衙署与城隍庙所在地）划归邑庙区，南部（上海道署所在地）划归蓬莱区。

Nantao指代邑庙+蓬莱区的时间，已接近Nantao地名有效时限的末期，1951年3月22日最后见载于报端的Nantao[7]，即此定义。

三、Nantao的地方范围

作为地名，Nantao所指代的具体地点及其地方范围，在其58年的地名时效内，经历了有分有合、有展有缩的地域变迁过程。

（一）上海县城范围

指代上海县城的Nantao，其地方范围即上海县城城墙圈围之地，即今天的人民路—中华路一线所围之地（图3之A）。

---

① ABOUT two hundred famine sufferers from Honan Province arrived here on Wednesday and Thursday and are now temporarily quartered in temples in Nantao and Lunghua. *The North-China Daily News*, December 28, 1929, p.10.

② Intra-50-li Native Customs Stations In Nantao And Woosung Abolished, *The China Press*, June 1, 1931, p.1.

③ Owing to the fact that boatmen often overload their ferry boats sailing between Nantao and Pootung, *The China Press*, January 12, 1932, p.6.

④ Plans for installing more public telephones in Chapei, Nantao and Woosung are being mapped out by the Chinese Telephone Administration. *The China Press*, August 25, 1933, p.14.

⑤ 上海市南市区志编纂委员会编，孙卫国主编：《南市区志》，上海社会科学院出版社，1997年，第58—66页。

⑥ 上海市南市区志编纂委员会编，孙卫国主编：《南市区志》，第58—66页。

⑦ Registration for Use Of Nantao Stadium, *The North-China Daily News（1864—1951）*, March, 23, 1951, p.2.

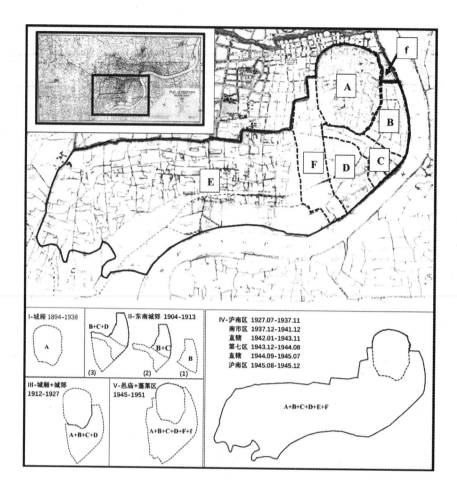

图3　Nantao指代地方范围变迁图①

（二）上海县城外东南城郊范围

指代上海县城外东南城郊的Nantao，其地方范围，英文定义为："Nantao，位于中国城与黄浦江之间"（Nantao， between Chinese City and the river）②，是北窄南宽、自北而南再迤西的江漫滩。具体又分为不同的三个亚种范围。

三个亚种范围的北、西、东3界，均以十六浦3号码头—方浜东路、上海县城东南城墙、黄浦江西岸为界；唯自北而南再迤西的第四界（西南界）不同，三者的西南界分别为董家渡路③、陆家浜路东段④与南车站路⑤。三者的地方范围分别为：

---

① 资料来源：底图为Plan of Shanghai， Municipal Council，1928，转引自顾建祥、安介生主编：《上海市测绘院藏近代上海地图文化价值研究》，上海辞书出版社，2019年，第182页。

② Nantao， between the Chinese City and the river，……，Chatham House， The Royal Institute of International Affairs，*Chronology, Bulletin of International News*，Nov.13， 1937， Vol.14， No.10（Nov.13， 1937），

③ *Key Plan of Chinese City & Nantao， Shanghai. Nantao: Chinese Bund*， Surveyed by China Land Survey Co.， Completed 23th December 1921.转引自张伟等编著：《老上海地图》，上海画报出版社，2001年，第79页。

④ Municipal Council， *Map of Shanghai*， North-China Daily News & Herald Limited， 1923， 转引自顾建祥、安介生主编：《上海市测绘院藏近代上海地图文化价值研究》，上海辞书出版社，2019年，第172—173页。

⑤ *Plan of Shanghai*， Municipal Council， 1928， 转引自顾建祥、安介生主编：《上海市测绘院藏近代上海地图文化价值研究》，第182页。

以今十六浦3号码头—方浜东路—中华路—董家渡路—黄浦江西岸—十六浦3号码头一线圈围的地方范围（图3之B）；

以今十六浦3号码头—方浜东路—中华路—迎勋路—陆家浜路—黄浦江西岸—十六浦3号码头一线圈围的地方范围（图3之B+C）；

以今十六浦3号码头—方浜东路—中华路—大林路—大兴街—南车站路—南市水厂—黄浦江西岸—十六浦3号码头一线圈围的地方范围（图3之B+C+D）。

（三）指代上海城厢+东南城郊的地方范围

指代上海城厢+东南城郊的Nantao，其地方范围，即以今十六浦3号码头–方浜东路–人民路–中华路–大林路–大兴街–南车站路–南市水厂–黄浦江西岸–十六浦3号码头一线圈围的地方范围（图3之A+B+C+D）。

（四）指代沪南区的地方范围

指代沪南区的Nantao，其地方范围以今十六浦3号码头–方浜东路–人民路–淮海东路–西藏南路–肇周路–徐家汇路–肇嘉浜路–徐镇路–宜山路–中山西路–中山南路–龙华路–龙华港河口–黄浦江西岸–十六浦3号码头一线所圈围之地，中国人标注为Nan Tao[1]（图3之A+B+C+D+E+F）。

（五）指代邑庙+蓬莱区的地方范围

指代邑庙+蓬莱区的Nantao，其地方范围以今外滩景观平台–人民路隧道–人民路–复兴中路–西藏南路–肇周路–制造局路–高雄路–江边路–黄浦江西岸–外滩景观平台一线所圈围之地。其中以复兴中路–复兴东路一线为界，北部为邑庙区，南部为蓬莱区（图3之A+B+C+D+F+f）。

四、Nantao的地名时限

作为地名，Nantao所指代的多种地方范围，在其见载报刊地图的58年内，存在着在时序上先后衔接递进的几个指代地点与地方范围。

（一）上海城厢（1894—1938）

指代上海城厢的Nantao，其地名有效时限起始于1894第一次见载报端[2]。

1913年上海城墙被拆除后，城厢与城郊连成一体，Nantao即开始指代上海城厢+东南城郊，但有

---

① Ke Lang编、Shao Cheng绘, *New Map of Shanghai*, The Asia Geographical Institute, 1945. 转引自孙逊、钟翀主编：《上海城市地图集成》（上、下册），第9—27页。

② The local mandarins are making out a list of the families and houses that suffered in the recent great fire at Tungadoo and Nantao. *The North-China Daily News(1864—1951)*, April 9, 1894, p.3.

相当部分的西方人，直至20世纪30年代末，仍然将Nantao指代上海县城，故将其下限定于1938年[①]。

（二）上海县城外东南城郊（1904—1913）

指代上海县城外东南城郊的Nantao，其地名有效时限不长，起始于1904年[②]终止于1913年。

1913年上海城墙被拆除后，指代上海县城外东南城郊Nantao被Nantao Bund取代，Nantao Bund的地名有效时限是1913[③]—1950[④]。

（三）上海城厢+东南城郊（1912—1927）

1912年上海城墙被拆除改建马路当时，即开始建设有轨电车路线，并见诸报端：Tramway in Nantao[⑤]，可见，1912年拆城并建设有轨电车路线，是Nantao开始指代上海城厢+东南城郊的标志。

因此，指代上海城厢+东南城郊的Nantao，其地名有效时限，起始于1912年，而终止于1927年7月沪南区的设置。

（四）沪南区（1927—1945）

指代沪南区的Nantao，中国人标注为Nan Tao[⑥]，其地名时效的起始年与终止年，即为沪南区的设置年（1927）与撤销年（1945年11月）[⑦]。

（五）邑庙+蓬莱区（1945—1951）

指代邑庙+蓬莱区的Nantao，其地名时效，起始于邑庙区与蓬莱区的设置年份（1945年12月），终止于1951年[⑧]。

上述Nantao指代5个地方范围的地名时效，有以下特征：（1）地名时效均在1894—1951的58年之内；（2）指代上海城厢的地名时效最长，达45年（1894—1938）；（3）除上海城厢外，其余4个指代地方范围的地名时效，首尾相衔，依次更替（表4）。

---

① "Nantao is the ancient native City"，Sketch Map of Shanghai，Shanghai: Mr. C. J. Clackett's Impressions，*The Bournville Works Magazine*，Vol.XXXVI. No.2. Feb.，1938，pp.41.

② 本文图2，*A Map of the Foreign Settlement at Shanghai*，the North China Herald Office，1904.转引自孙逊、钟翀（主编）：《上海城市地图集成》（上、下册），第5—7页。

③ CAR IS TRIED OUT ON NANTAO BUND TRAMWAY，*The China Press*，June 24，1913，p.2.

④ New Fish Market Near Nantao Bund，*The North-China Daily News（1864—1951）*，June 8，1950，p.2.

⑤ Tramway in Nantao，*The North-China Daily News（1864—1951）*，July 13，1912，p.5.

⑥ Ke Lang编、Shao Cheng绘，*New Map of Shanghai*，The Asia Geographical Institute，1945.转引自孙逊、钟翀主编：《上海城市地图集成》（上、下册），第9—27页。

⑦ 上海市南市区志编纂委员会编（主编 孙卫国）：《南市区志》，第58—66页。

⑧ Registration for Use Of Nantao Stadium，*The North-China Daily News(1864—1951)*，March 22，1951，p.2.

表4：Nantao指代5个地方范围的地名时效[1]

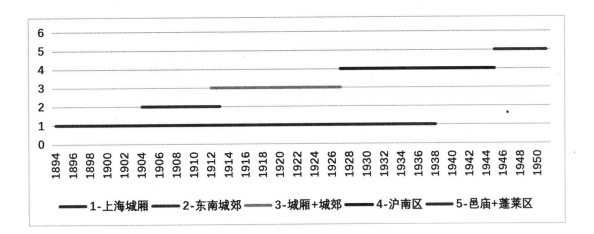

五、Nantao的替代名称

Nantao有上述5种英文定义与5个指代地方范围，而the Nantao district同样具有Nantao的5种英文定义与5个指代地方范围，实质上，堪称Nantao的替代名称，同时也进一步说明，Nantao不是地点地名，而是区块地名。

在1894—1951的58年期间、Nantao见载于报端的3331条（次）数中，the Nantao district占65条（次），分布于1902[2]—1948[3]年间，其年度分布规律曲线，与表3"1894—1951年Nantao见载于报刊的年度条(次)数"十分吻合，在Nantao所指代的5个地方范围之地名有效时限内，均有分布。证明the Nantao district可以替代Nantao 5种英文定义中的任何一个定义、可以替代Nantao所指代的5个地方范围中的任何一个地方范围（表5）。

① 资料来源：全国报刊索引https://www.cnbksy.com/search?author=&searchContent=Nantao&categories=1%2C2%2C3%2C4%2C6&types=1%2C2%2C3

② SHORTLY after ten o'clock on Saturday morning a fire broke out in the Nantao district, *The North-China Daily News(1864—1951)*, August 18, 1902, p.4.

③ Nine Chinese who traded in silver dollars were taken into custody from the Nantao district yesterday, *The North-China Daily News(1864—1951)*, March 26, 1948, p.3.

表5：1894–1951 the Nantao District见载于报刊的年度条（次）数①

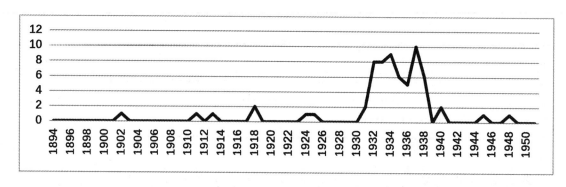

六、Nantao的中文地名

作为一条被命名并用于上海的英语地名，Nantao的命名源自汉语"南道"，但迄今止，所有相关著述均未意识到"南道"与Nantao的对应关系。

（一）Nantao的汉译地名

据文献检索，Nantao的汉译地名有如下几种：

1. 南市

在汉语中，上海的"南市"，是相对于"北市"租界而言②。在上海县城城墙被拆之前，仅指城外东南城郊"负郭之地"，即黄浦江西岸江滩；1912年"民国成立，城垣拆毁，改筑马路，合城内城外区域统称南市"③，相当于"华界"。

对应于英语Nantao的汉语"南市"，在指代地方范围方面，分为两种。

一种仅指代上海县城东南城郊。如："在英文中，人们将上海县城称为'Chinese city'，而称南市为'NAN TAO'"④；又如：《中英合璧上海全图》（*1933 Map of Shanghai*）将上海县城城厢标注为"城内（CHINESE CITY）"，将东南城郊标注的"南市（NANTAO）"⑤。

另一种仅指代上海县城城厢，如"南市难民区"（the Nantao Refugee Zone）与"南市安全区"

---

① 资料来源：全国报刊索引https://www.cnbksy.com/search?author=&searchContent=Nantao&categories=1%2C2%2C3%2C4%2C6
&types=1%2C2%2C3

② 民国《上海县续志》卷2载姚文枏等拆城之议："上海一隅，商务为各埠之冠，而租界日盛，南市日衰"，民国七年铅印本（copyright:北京爱如生数字化技术研究中心），第140页。

③ "上海市及租界之沿革"，《最新上海地图》，北平中华印书局，1932年，"图说"。转引自孙逊、钟翀（主编）：《上海城市地图集成》（上、下册），图8—16。

④ 何益忠：《从中心到边缘——上海老城厢研究（1843—1914）》，博士学位论文，复旦大学，2006年，第2页。

⑤ 《中英合璧上海全图》（*1933 Map of Shanghai*），中国征信所发行1933版。转引自：孙逊、钟翀（主编）：《上海城市地图集成》（上、下册），第8—27页。

（the Nantao Safety Zone）[①]。因为"南市难民区"在上海县城内[②]，所以此"南市"仅指上海城厢。

2. 南头

对应于Nantao的汉语"南头"，如"所谓江海分关者，包括黄浦江边十六铺之南关（Nantao'南头'office）及驻吴淞专为收税查私之分卡。沪地有江海南关北关之称，南关即是此处之南头分关（北关则指三马路外滩之江海关公署）"[③]，是相应于"北关（江海关公署）"的"南关"而言，是英文地名Nantao Office（南关）之专名Nantao的汉译名。

虽然Nantao Office（南关）位于上海县城之东南郊，但其专名Nantao所指地域范围，实质是指上海城厢+东南城郊，即相对于上海租界的上海"华界"。

3. 上海

对应于Nantao的汉语"上海"，如Nantao Christian Institute（上海基督教普益社）[④]与Special Edition：Nantao in Japanese Hands（上海市沦陷特辑）[⑤]，实质上是指对应于北部"租界"的南部"华界"，其指代的地方范围，先是上海城厢+东南城郊，次是沪南区，最后是邑庙+蓬莱区。

4. 内地

对应于Nantao的汉语"内地"，如Shanghai Nantao Waterworks Co.，Ld.（商办上海内地自来水有限公司）[⑥]，是相应于租界"外地"而言，实质是指上海的"华界"，其地方范围主要是指上海城厢+东南城郊，或邑庙+蓬莱区。

5. 南岛

有观点将Nantao与中文"南岛"相对应，称："狭义的'南市'是不包括县城的……由于这一狭长地带犹如半岛突兀城外，外侨称之为'南岛'（Nan Tao）"[⑦]；"狭义的'南市'是不包括县城的，人们一般称县城为'城里'，这种观念一直延续至民国初。由于这一狭长地带犹如半岛突兀城外，外国人称之为'南岛'（Nan Tao）"[⑧]；上海"城厢以外的南市地区，被外国人称为南

---

① 王海鸥：《上海南市难民区研究（1937-1940）》，上海师范大学硕士学位论文，2016年，"绪论"，第2页。

② （南市）"难民区的东、西、北三面均以法租界南面的民国路（今人民路）为界，南面以方浜路为界，面积约占整个老城厢面积的三分之一"。王海鸥：《海南市难民区研究（1937-1940）》，摘要。

③ 周念明：《中国海关之组织及其事务》，商务印书馆，1933年，1934年再版，第38页。

④ Nantao Christian Institute - Shanghai，Sponsoring Organizations: Presbyterian Church in the U.S.A. (North) 长老会（美北）；Year: 1906，http://www.ulib.iupui.edu/wmicproject/node/1617 (20201014)。

⑤ 《战事画刊》，第19辑，1937年11月21日，良友图书杂志社。The War Pictorial，No.19，Nov.21 1937. Published by the Liang You Publishing Co.

⑥ Shanghai Nantao Waterworks Co.，Ld.，The North China Desk Hong List，1934，p.24.

⑦ 景智宇：《"黄浦"和"南市"释义》，《上海档案》2002年第04期，第51—52页。

⑧ 《话说"南市"》，2016-10-12 09:43:28 来源:上海档案信息网 作者:景智宇，选稿:郁婷芳，http://history.eastday.com/h/20161012/u1a12155359.html

岛" ①。

上述5种对应于英语Nantao的已有汉语地名中，将"南岛"对应于Nantao的观点，相当牵强附会，也无任何旁证，当不足为据。而前4种虽然包含了Nantao各个地名时效期所指代的相应地方范围，但仍为意译地名，除"南市""南头"之"南"与Nantao之Nan准确对应外，均未对Nantao之Tao给出准确对应的汉字。

（二）Nantao的地名专名——Nan（南）

作为地名，Nantao之于英语，是一个词，而之于汉语，则是两字词组："南道"。在未知Nantao的准确汉语之情况下，中国地图学家葛炆将Nantao分解成Nan Tao②，显然具有将汉语之"南"对应于英语之Nan的用意。

近代形成的上海"南""北"地理区位，最初是位于南边的上海"道"城与位于北边的外国"租界"，属于政治地理概念；以后逐渐发展成为"南市"华界与"北市"租界、江海南关（"南头"之关）与江海北关，则属于商贸地理概念。

无论是政治地理概念，还是商贸地理概念，将英语地名Nantao之专名Nan，对应为汉语之"南"，应该没有异议。

（三）Nantao的地名通名——Tao（道）

民国以前，驻辖上海的最高行政衙署是分巡苏松太兵备道③，简称苏松太道，初设于康熙二年（1663）④，雍正二年（1724）复设，雍正九年（1731）移驻上海⑤，故又称上海道，简称沪道。

关于上海道衙署，史载："分巡苏松太兵备道署在大东门内，雍正九年（1731）巡道王澄慧建，咸丰三年（1853）寇毁、五年（1855）巡道赵德辙重修。"⑥"同治三年（1864）、光绪十三年（1887），先后购署西民地扩充关科房，巡道龚照瑗题'冰镜同清'额。光绪二十年（1894），巡道黄祖络复购西首民舍，直达道前街，添建办公室及上房并修茸絜园（三次拓址，均已无卷可稽，惟统丈全址，计共一十五亩六分九厘二毫。絜园，为同治四年（1865），巡道丁日昌创茸，道

---

① 张伟等编著：《老上海地图》，上海画报出版社，2001年，第78页。

② Ke Lang编、Shao Cheng绘, *New Map of Shanghai*, The Asia Geographical Institute, 1945. 转引自孙逊、钟翀（主编）：《上海城市地图集成》（上、下册），第9—27页。

③ 同治《上海县志》卷12"国朝驻县统辖官表"，清同治十一年刊本（copyright：北京爱如生数字化技术研究中心），第871页。

④ 同治《上海县志》卷2《巡道王澄慧新建分巡苏松太兵备道公廨碑》载："国初官制，概仍明旧。苏松二府，向有兵巡道，驻太仓州，巡行入郡，则明泽桥东有驻节之所焉。康熙二年，改兵巡为分守，苏州遂为治署。二十二年，以督粮道兼领之，分守道复奉裁。今上即位之二年，百废具备庶司整饬以抚臣何公之请，复分巡苏松道如旧制。八年六月中，丞尹公上言：分巡道有巡辑之责，兵民皆得治之，请加兵备衔移驻上海，弹压通洋口岸为便。制曰：可"，第156—158页。

⑤ 嘉庆《上海县志》卷8载："分巡苏松太道：雍正二年，复设苏松道，驻苏州。今自雍正九年移驻上海者始"，清嘉庆十九年刻本（copyright：北京爱如生数字化技术研究中心），第885页。

⑥ 同治《上海县志》卷2，第156页。

州何绍基有记，见艺文金石）。"①今沪道衙署建筑荡然无存，其基址位于今南北走向的巡道街正中东侧，现已辟为东门广场。

本文将英语地名Nantao之通名Tao，据以下几个理由，初步认定应当为汉语之"道"。

1．英美法诸国在上海与中方的外交事务，均由外国领事或牧师与驻辖上海的中方最高衙署上海道台进行交涉处理。如租界的划定与签约：英国租界，于1846与1848年"两次由上海道会同英领划定界址"②；"美租界关，于道光二十八年（1848）由美牧师蓬恩与沪道商定，旬月而成，得苏州河以北之地"③；同治二年（1863），"由（苏松太道道台）麟桂出示划定法界，敏体尼为法国领事，至次年（1864）三月十四日（西四月六号）发表"④。

由行政衙署之通名命名行政区划之通名，是约定俗成的地名命名规则。因此，以上海道之"道"作为地名通名，符合地名命名原则。

2．汉语的"道台"，英语译为Taoutae⑤、Tao-t'ai⑥或Taotai⑦；汉语的"上海道台"，英语译为the Tao-t'ai of Shanghai⑧或 the Shanghai Tao-t'ai⑨，即将"道"译为Tao或Taou。由此可推断，Nantao之Tao，当为"道台"之"道"。

3．英语Nantao的出现，早于1912年上海县城城墙被拆之前，其最初的定义为：上海的"中国城（Chinese City）"，而上海道署位于上海县城内。故Nantao的地名命名缘由，与上海道署之"道"，有着密切的关系。

4．"南市"与Nantao的命名没有关系。虽然在嘉庆年间（1796—1820），上海已出现"南市"地名⑩，但地方区域意义上的"南市"，始现于上海开埠设有外国租界以后。中文"南市"见于近代报端始于1869年⑪，最初是指上海县城城外东南城郊，而且此"市"是商贸集市之"市"，非民国以后行政区划通名之"市"，更何况其发音与Tao迥异。虽然Nantao所指代的5个地方范围，汉语都可称之为"南市"，但除了上海县城城厢外，其余4个地方范围，与Nantao的英文命名缘由全无关系。

5．作为一条标准地名，由专名+通名构成。独立的Nantao地名结构，由专名（Nan）+通名（tao）组成；而Nantao Office的地名结构，由专名（Nantao）+通名（Office）组成。因此，"南头"

① 《上海县续志》卷2《衙署》，民国七年铅印本（copyright:北京爱如生数字化技术研究中心），第144—145页。
② 民国《上海县志》卷14，民国二十四年铅印本（copyright:北京爱如生数字化技术研究中心），第917页。
③ 民国《上海县志》卷14，第876页。
④ 民国《上海县志》卷14，第875页。
⑤ BANISHMENT OF THE TAOUTAE OF SHANGHAE. *The North-China Herald（1850-1866）*，January 12，1856，p.2.
⑥ The name of the Tao-t'ai elect of Shanghai is Shao, *The North-China Daily News（1864-1951）*，April 19, 1882, p.3.
⑦ Taotai's Yamen, City, Shanghai, *The North China Desk Hong List*, 1910, p.144.
⑧ We hear that Shao, the new Tao-t'ai of Shanghai, *The North-China Daily News（1864-1951）*，May 26, 1882, p.3.
⑨ His Honour the Shanghai Tao-t'ai paid a visit on board the Curacao yesterday afternoon. *The North-China Daily News（1864-1951）*，November 14，1883，p.3.
⑩ 三图：高行南市。嘉庆《上海县志》卷1，清嘉庆十九年刻本（copyright:北京爱如生数字化技术研究中心），第51页。
⑪ "沪地中外商贾云集，富甲他省，而贫苦流离之辈，亦多来沪地行乞，几若水之赴壑也。除城内及南市设立善堂施衣赈粥之外，南门外尚有草屋，令乞儿可避风雪。好善官绅无微不至……"《上海新报》，1869年1月23日，第2版。

实际上是"南关"即"南头之关"（Nantao Office）的专名，并非独立地名Nantao的汉译名。而且，在"南关（Nantao'南头'Office）"中的"南头"，即将tao汉译为"头"，不符合音译规律。

6. 英国人于19世纪下半叶以"苏松太道（上海道、沪道）"之"道（tao）"命名"Nantao"地名时，主要用于英语语言环境，因此并未给出相应的标准汉语地名。但据前述（1）（2）（3）条理由，可逻辑推理而判定其汉语地名应当是"南道"。正如"景德镇"与"杭州"地名，不因历史时期"景德镇"与"杭州"官署的不复存在而仍然延续使用一样，虽然自1912年起，"上海道"已不复存在，但以其通名"道"命名的"南道"地名仍然延续使用，只是延续时间短暂，至1951年而止。

七、结 论

Nantao是由英国殖民者命名、以英美等西方殖民者为主体而使用的近代上海英文地名，虽然其命名缘起于租界之"南"的上海"道"，但上海的汉语地名中，从未出现过与英语地名Nantao完全相对应的汉语地名"南道"。

Nantao于1894年首现于报端，其使用频率于20世纪30年代达到高峰，但随着1945年外国租界的收回、1949年中华人民共和国的成立而迅速下降，至1951年上海英文报刊停刊而终止使用，其地名时效短暂。

Nantao共指代过上海城厢、东南城郊等5种地方范围，时间上先后衔接，空间上有分有合，地域上有拓有缩。

作为上海的英语地名，Nantao迄今尚未被专题研究，更无人触及Nantao地名命名的确切缘由。本文认为，Nantao的英文地名命名，源自位于上海外国租界之"南"的上海"道"署，因此，英文地名Nantao的准确对应汉语地名，应当为"南道"。

外国人用外国语言命名中国地名，在中国近代外国人编撰编绘的以中国专题为主的著述与地图中，是普遍现象。但指代中国地方范围的外语地名却无准确对应的汉语地名之现象，有必要予以特别地学术关注。

作答侯仁之先生就毛乌素沙漠变迁论题之设问^①

侯甬坚

作者简介

侯甬坚，陕西师范大学西北历史环境与经济社会发展研究院教授。

摘　要：20世纪60年代，北京大学侯仁之教授带领考察小组进入我国西北沙漠地区，撰写的《从红柳河上的古城废墟看毛乌素沙漠的变迁》等论文，开辟出沙漠历史地理研究领域。论文根据残存于毛乌素沙地南缘的统万城、城川古城废墟状况，针对该地区历史上沙漠演变的特点，提出了若干研究设问及其判断，之后得到学界多个学科学者的研究响应，也得出了各具特点的学术见解，有益于学术界对该地区沙漠的来源及其演变过程得出科学合理的结论。

关键词：侯仁之；沙漠历史地理；毛乌素沙地南缘；统万城；城川古城

一、三点说明

（一）中华人民共和国成立初期提出治理沙漠的时代背景

1949年中华人民共和国成立，中苏两国关系十分密切，中国迫切需要向苏联"老大哥"学习社

① 项目支持：教育部高校人文社会科学重点研究基地重大项目、复旦大学历史地理研究中心"十四五"规划项目——"数字时代的中国西部环境变化中人的作用研究"（批准号：22JJD770020）。

会主义建设的诸多经验。当时，"苏联战胜了自然"的声音在中国传播，论述者认为"这样伟大的战胜自然的计划，是惟有在重视科学，把科学与人民的利益结合在一起的社会主义国家内，才能进行，才能实现的"①。在"苏联准备向大沙漠发动总攻势"的消息传入我国后②，我国有的部门逐渐也喊出了"征服塔克拉玛干大沙漠"的口号③。

1958年10月27日至11月2日，根据党中央的指示，中共中央农村工作部、国务院第七办公室和国务院科学规划委员会在内蒙古呼和浩特市联合召开了内蒙古、新疆、甘肃、青海、陕西、宁夏六省（区）治沙规划会议④。会上听取了乌兰夫副总理的报告⑤，商议成立统一领导机构，还制定了内蒙古和西北地区的治沙规划方案（草案），布置了各省区1959年的治沙任务（包括建立多条防风固沙林），强调各方面依靠群众，通力协作，共同来完成这一伟大而光荣的任务。会后，内蒙古境内的鄂尔多斯高原库布齐沙漠、毛乌素沙地，一下子成为许多部门、当地政府和干部群众的关注对象。

当时，北京大学地质地理系组织人员也参加了相关工作。据报道，北京大学地质地理系自然地理教研室的植物地理小组，从1962年开始参加中国科学院治沙队的毛乌素"沙漠"考察，整个考察队分为土壤、植被、水文地质、综合自然地理、林业、经济地理等组。每年夏天野外工作1.5—2个月，连续进行了3年，1964年野外考察基本结束，转入野外资料的室内分析整理。据考察人员已得到的认识，位于内蒙古自治区伊克昭盟（今鄂尔多斯市）南部和陕北长城沿线一带的毛乌素沙地，面积约36，000平方公里，是我国西北几个大"沙漠"中自然条件最好、改造可能性最大的一个，所以是治沙的重点⑥。

（二）毛乌素沙漠与毛乌素沙地概念之区别

时任北京大学地质地理系主任的侯仁之教授，是一位历史地理学专家。当本系师生参加中国科学院治沙队的毛乌素"沙漠"考察之时，侯仁之先生也想到了历史地理学该如何参加这项工作，当时，侯先生的确承担着如何发展历史地理学的任务，这项任务的明确要求，就是要提出历史地理学的中心问题题目⑦。1960—1964年的暑假，侯先生连续数年带学生和年轻的同事进入沙漠，配合中国科学院治沙队工作，在考察中了解和认识到了毛乌素沙漠南缘统万城、城川古城等废墟和榆林城的独有价值。

① 马湘泳：《苏联战胜了自然——河流改道·变换气流·绿化沙漠》，《科学大众》1950年第7期，第18—20页。
② 新华社：《苏联准备向大沙漠发动总攻势》，《科学通报》1953年第3期，第110—111页。
③ 新疆石油管理局：《征服塔克拉玛干大沙漠》，《测绘通报》1959年第4期，第2页。
④ 陈道明：《变沙漠为绿洲 六省（区）研究治沙规划》，《科学通报》1958年第22期，第701—702页。
⑤ 乌兰夫：《向沙漠要财富 使沙漠为人类造福——乌兰夫副总理在内蒙古和西北六省区治沙规划会议上的讲话摘要》，《内蒙古林业》1959年第2期，第2-3页；《内蒙古及西北地区治沙规划会议提出让沙漠成为林业牧业的基地》，《内蒙古林业》1958年第12期，第5-8页。
⑥ 北京大学自然地理教研室植物地理小组：《北京大学自然地理教研室植物地理小组对毛乌素沙地的植被研究》，《植物生态学与地植物学丛刊》1965年第1期，第40页。
⑦ 丁超：《侯仁之学谱》，北京出版集团公司、文津出版社，2019年，第333页。

1973年，侯仁之先生撰写的《从红柳河上的古城废墟看毛乌素沙漠的变迁》一文（以下简称《变迁》）[①]，才在《文物》第1期上刊登出来，题目使用了"毛乌素沙漠"一词，与地理学界使用的"毛乌素沙地"概念的确有所不同。我国有科尔沁、毛乌素、浑善达克、呼伦贝尔四大沙地，它们均位于我国西部沙漠分布区的东面，气候带上呈现为温带半干旱半草原特征，干燥度在1.5～2.0之间，却因在降雨、土壤墒情、植被生长方面略好于西部沙漠地区，也有人类居住、生产利用、相互争夺的历史内容，故而在沙漠认识上被看作是有别于沙漠的沙地。这些沙地一般也可以按照自然及人为因素的影响程度，划分为类似于沙漠的流动沙丘、半固定、固定沙地形态，毛乌素沙地与北面的库布齐沙漠的特征就有所不同，但共同归属于鄂尔多斯高原所有。本文题目是按照侯仁之先生论文使用的概念及其设问来拟定的，在研究内容的自由叙述中，笔者自然会选择"毛乌素沙地"这一概念。

（三）就毛乌素沙漠变迁论题提出的看法和设问

侯仁之先生由亲历考察活动认识到，在毛乌素沙漠的南缘，也就是陕北和宁夏的万里长城附近一带，明显易见的城堡废墟为数很多，这些大大小小的废墟，包括残存的万里长城，都是古代人类在这一地区进行频繁活动的重要遗迹。

这些遗迹对于科学研究的价值，侯先生认为有：（1）为研究这一地区人类活动的历史补充了一些确实可靠的物质资料；（2）还为探索这一地区自然环境的变化提供了十分重要的线索；（3）探索的结果又可以直接为当前的生产斗争服务。基于这些认识，最为亟须展开的工作，即关于这一地区沙漠的起源以及流沙的移动，也只有彻底调查清楚这些问题，才能对毛乌素沙漠进行更全面、更有效的利用和改造。

侯先生还认识到：中华人民共和国成立以来，在治沙任务的带动下，自然地理和地貌学工作者在这方面已经做了大量的工作，取得了不少成绩。按理，历史地理学的学科作用，就是研究历史时期地理环境的变化，以便于更好地、更全面地认识当前地理环境的形成和特点。但是由于历史地理学研究工作跟不上，以致到现在对于毛乌素沙漠在人类历史时期的变化，仍然是若明若暗，缺乏一个明确的概念。

侯先生在思考，如何改进和推进在沙漠中的历史地理学工作方法极为重要。他认为，对于任何事物的研究，如果抛开其发展变化的具体过程不论，单从今日的现状来加以考察，是不可能得到真正的认识的，对于地理环境来说也是这样。沙漠作为地理学研究的对象，除去它的现状之外，还必须了解它的过去，特别要了解由于人类的活动所导致的沙漠本身的变化。正是因为这一点，掩藏在沙漠中的古代人类活动的遗迹，就有了十分重要的科学研究上的意义。历史地理的研究工作急需借助于考古学上的发现及其研究成果，更迫切希望考古工作者在考察和发掘工作中注意到足以说明自然环境今昔变化的各种情况，这不仅可以丰富考古研究的内容，而且有助于当前生产斗争的实践。

---

① 侯仁之：《从红柳河上的古城废墟看毛乌素沙漠的变迁》，《文物》1973第1期，第35—41页。

最后，侯先生试从毛乌素沙漠中红柳河沿岸的两座古城废墟，来进一步说明自己对这个问题的分析和判断①。

在这里，侯先生提出了对于统万城、城川古城废墟的设问。这些设问提出的前提条件是这样的：这些故城的存在，为毛乌素沙漠中历史地理的考察，提供了可贵的线索。尽管到目前为止，还没有进行过任何考古发掘工作，但是只就遗址的确定这一点来说，就已提出了这样一些无可回避的问题：

（1）统万城初建的时候，这一带的自然环境究竟是什么样子？

（2）如果也像现在一样到处都是滚滚流沙（如插图四、七——笔者按：图略），赫连勃勃为什么要把他的都城建造在这样一个地方？

（3）反之，如果建城之初，这里并不是沙漠，那么它又是在什么时候才开始变成沙漠的？

（4）这些流沙又是从哪里来的？

这些问题的提出（笔者视之为"设问"），犹如悬挂在古代废墟上空的幡旗，吸引着有志者前来做实地考察，并展开研究。

二、1973年这些设问提出以后学界的作答

关于这些设问与学界作答之间关联的写作方式是笔者想出来的，就学界已有的研究来说，尽管作者们并没有说明是在对应侯仁之先生的设问，在我们姑且认为作者们都阅读过侯仁之先生《变迁》论文的前提下，认定大家做出的研究与这些设问都很有关系，这样，本文的作答书写就可以展开了。何况侯先生在论文里已说过："这些问题的提出，应该说都是非常自然的，但是在过去却被忽略了。"

设问一：统万城初建的时候，这一带的自然环境究竟是什么样子？

1973年：侯仁之《变迁》一文在引用赫连勃勃尝"北游契吴，升高而叹曰：美哉斯阜，临广泽而带清流，吾行地多矣，未有若斯之美"这段文字之后，随即写道"这就进一步说明，在统万城初建之时，附近一带非但没有流沙的踪影，而且还是一片水草丰美、景物宜人的好地方"。这段文字之含义在学界已广为人知。目睹废墟周边流沙现状，侯先生在《变迁》一文第37页左栏，谈到了自己的看法——"如果现在没有这样一座巍巍古城屹立在茫茫沙海之中，也就很难设想：眼前这一片渺无涯际的流沙，竟是最近一千年来的产物。"在同页右栏，侯先生通过《水经注》所叙述的统万城前身——汉代奢延县所在，接着得出"可见远自汉代以来，这里就是筑城设县之地，不

---

① 以上论述参见侯仁之先生《从红柳河上的古城废墟看毛乌素沙漠的变迁》一文。在科学史上，这样的思路也是有据可查的，如德国地理学家克鲁弗尔早已产生的认识："古代历史必须建立在可靠的古地理知识的基础上，而这种知识仅仅通过研究权威文献是得不到的，而需要对古代文明的遗址作第一手的考察。"（［英］亚·沃尔夫：《十六、十七世纪科学技术和哲学史》，周昌忠等译，商务印书馆，1985年，第444页）

可能是流沙遍野的荒漠"的看法。因之，侯先生持有的观点是，统万城周围的流沙乃是最近一千年来的产物。

1981年：复旦大学赵永复先生发表《历史上毛乌素沙地的变迁问题》一文，侯仁之先生《变迁》论文为其参考文献之一。文中叙述道："对于毛乌素沙地沙漠的起源和流沙的移动，过去流行着一种说法，认为在三四百年前这里是被灌木、草本植物固定的，十八世纪初叶以后，由于不合理的开垦和过度放牧，才形成榆林城北深厚的新月形沙丘地，流沙的发生不过是近二三百年间的事情。这几年来，又有一些新的说法，一种说法，认为毛乌素沙地本来处于草原带环境中，沙地的活化是在五世纪以后发生的；另一种说法，则认为毛乌素沙地是唐宋以来一千多年内的'人造沙漠'，解放以前的二百五十年中，沙漠向南扩展了六十多公里。"[1]这段文字的资料引用有4处，都是出自地理学者的论著，可见说法不一。

赵永复研究相关文献资料后认为，"从唐朝到清末的一千多年间，这一地区农牧界线是推进得很慢的，直到清朝初年，农业地带还仅北止于边墙之内，康熙以后，农牧界线虽又越过边墙北移，但是大规模的开垦是在清朝末年。因此，如果说毛乌素沙地是唐宋以来一千多年内的'人造沙漠'，则自唐至清初这一段时间，人为的因素应该是不大的"，"所谓今毛乌素沙地是唐宋以后一千多年内'人造沙漠'的说法，其历史根据是不足的，而解放以前的二百五十年中流沙向南扩展了六十多公里或流沙的发生不过是近二三百年间的事情等的说法，也并不完全可靠"。"如果是这样，那末今毛乌素沙地主要为自然因素的产物，是第四纪以来就已存在的，而不是什么'人造沙漠'。由于唐宋以前的历史记载比较缺乏，目前恐怕还难以得出肯定的结论，还有待于今后进一步展开调查研究和地下文物的发现。当然，说毛乌素沙地主要是唐宋以前自然条件作用下的产物，这是指整个毛乌素沙地而言的，而不是说这个沙地历史上没有变迁，人为的因素丝毫没有影响，恰恰相反，它的变迁历来是很大的……"作者对"人造沙漠"这一表述方式，并不表示接受。

1982年：谭其骧先生发表《在历史地理研究中如何正确对待历史文献资料》一文[2]，其中谈道："赵永复同志的文章详细论证了那种白城子附近的流沙形成于唐以后的说法是不符合于历史事实的；根据北朝的记载，那时上距赫连夏不过百余年，这一带很明显是到处分布着沙陵、沙阜、沙溪的游牧区。作者认为至迟东汉，即公元二世纪时，这一带可能已有流沙的活动，因为见于东汉记载的奢延泽，应该是红柳河上游一条支流八里河被流沙堵塞出口而形成的。赫连夏时代这里的地理景观和北朝时代不会有很大差别，赫连勃勃用'临广泽而带清流'这句话来叹美这里的景观，'广泽''清流'不一定就是优美的草原，很可能正是沙漠地区的现象，因为沙漠地区的河流，水源来自泉水或地下径流，往往是很清澈洁净的。至于赫连勃勃之所以要在这里营建都城，他的着眼点主要并不在于这里的地理环境如何优美富饶，而是在于建都在这里有利于防御近在数百里外强敌拓跋魏的侵袭。"

① 赵永复：《历史上毛乌素沙地的变迁问题》，《历史地理》创刊号，上海人民出版社，1981年，第34—47页。
② 谭其骧：《在历史地理研究中如何正确对待历史文献资料》，《学术月刊》1982年第11期，第1—7页。

"这篇文章所论证的观点是否完全能成立我不敢说，但至少动摇了过去流行的那种说法，把对这一带的自然环境的变迁的研究大大推进了一步。作者为什么能取得这样的成就呢？除了他严肃谨慎的研究态度外，主要由于化大力气搜集了近百条以前研究这个问题的人所没有掌握到的文献资料，也就是说，他做到了资料基本齐备这一点。因此他所取得的成就要比资料不及他齐备的高出一筹。"

1983年：中国科学院兰州沙漠研究所董光荣先生等在前人工作的基础上，对该区进行了广泛调查，发表《鄂尔多斯高原的第四纪古风成沙》《鄂尔多斯高原第四纪古风成沙的发现及其意义》两篇论文①，结果是在北起黄河沿，南抵长城边的整个鄂尔多斯高原地区，再次发现了大量包括早更新统至全新统的古风成沙质沉积。就目前所知，其分布范围之广，类型、形态之丰富，沉积层位之齐全，剖面结构之清晰，无论在我国还是世界其他地区都是十分罕见的，很值得学界予以重视并进一步研究。

董光荣等人的工作，还讨论了这项研究的科学意义，即由本区多次特别是这一次在现代风成沙之下早更新统至全新统地层发现古风成沙，且以流动沙丘与半固定、固定沙地多种形态存在的这些事实，不仅证明鄂尔多斯高原沙漠不是人类历史时期才有的，而是从早更新世后期到现在就已断续存在，而且还表明其演变图式也不是往单一流沙方向发展，中间经历了一系列流沙—半固定—固定沙地的正、逆演变过程，人类历史时期以来的土地沙漠化只是该区沙漠长期演变过程中最新、最近的一幕，这为研究鄂尔多斯高原的沙漠及沙漠化形成时代和演变模式提供了确凿的地层证据。

于此可见，20世纪80年代初期学界产出的上述研究论文，对应设问一，就达到了相当高的学术水准，基本划出了学界继续深入研究的时段及可以致力研究的方向。其后学界最重要的成果是何彤慧、王乃昂合撰的《毛乌素沙地——历史时期环境变化研究》著作②，还有王尚义、韩昭庆、邓辉等撰写的论文③。

设问二：如果也像现在一样到处都是滚滚流沙，赫连勃勃为什么要把他的都城建造在这样一个地方？

上文已引用了谭其骧先生的论述，即"至于赫连勃勃之所以要在这里营建都城，他的着眼点主要并不在于这里的地理环境如何优美富饶，而是在于建都在这里有利于防御近在数百里外强敌拓跋魏的侵袭"。可以看作较早对应设问二的一种解释。

① 董光荣等：《鄂尔多斯高原的第四纪古风成沙》，《地理学报》1983年第4期；董光荣等：《鄂尔多斯高原第四纪古风成沙的发现及其意义》，《科学通报》1983年第16期；收入董光荣等著：《中国沙漠形成演化气候变化与沙漠化研究》，海洋出版社，2002年，第2—6页。

② 何彤慧、王乃昂：《毛乌素沙地——历史时期环境变化研究》，人民出版社，2010年。

③ 王尚义：《历史时期鄂尔多斯高原农牧业的交替对自然环境的影响》，《历史地理》第五辑，上海人民出版社，1987年，第11—24页；韩昭庆：《明代毛乌素沙地变迁及其与周边地区垦殖的关系》，《中国社会科学》2003年第5期，第191—204页；韩昭庆：《清末西垦对毛乌素沙地的影响》，《地理科学》2006年第6期，第728—734页；邓辉等《明代以来毛乌素沙地流沙分布南界的变化》，《科学通报》2007年第21期，第2556—2563页；邓辉：《人类活动的影响导致了毛乌素沙地向南扩大吗？》，《陕西师范大学学报（哲学社会科学版）》2007年第5期，第11—12页。

由于大夏国都统万城的位置较早就确定在今陕西省靖边县北无定河北岸的夏州古城址上[①]，学者们可以充分地发挥各自之专长，来探讨赫连勃勃为什么要建都城于此处的问题。随后研究统万城选建于无定河北岸的考虑因素，学者们的看法主要有：

（1）从沿革地理考察，这一位置是两汉时的上郡属县——奢延县县城所在，其地理环境早已为前人和时人所熟悉，当地有建城的地理和水源条件，属于形胜之地[②]。

（2）当地具有地理环境相对优越而宜于发展畜牧业经济、在军事上具有战略地位、交通便利等条件[③]。

（3）大夏国都统万城是在大夏疆域之内，通盘考虑、精心策划而确定的。大到在全国地缘政治格局上的位置，小到城门的朝向，无不体现了对当时的自然地理和人文地理背景的适应和利用。在全国地缘政治格局相对稳定的情况下，将国都选定在最能实现战略意图，既有广阔的腹地提供经济支撑，又有聚居的本部族民众提供相对稳定的统治基础，控制交通要道，占据有利战略位置的统万城无疑是明智之举[④]。

论者一般并没有把大夏国统万城是否建立在流沙上的问题作为判断前提，或判断《水经注》所记奢延水，"水出奢延县西南赤沙阜"，是沙山或沙丘的形象，未看作是必须考量的"滚滚流沙"，而是直接从政治军事、经济交通等方面来发表自己的看法，如丁超、韩光辉两位所认为的，"统万城可以依靠行政手段得到全国各地调配来的物质供给，所以没有理由认定统万城地区一定是水草条件绝对优越、土壤承载力最高的地区"。

设问三：反之，如果建城之初，这里并不是沙漠，那么它又是在什么时候才开始变成沙漠的？

1981年：戴应新先生发表《统万城城址勘测记》一文，在已阅读侯先生《变迁》一文的基础上，他做了这样的论述："钻探证明，城址与建筑物废墟之下，均为原生细沙，建在沙滩上的统万城是没有条件和可能掘沙筑室的，'秘室'惟有筑在'崇台'之内方保无虞。马面兼筑仓储，这在我国城建史上非常罕见。"在下面的论述中他还强调，"考古勘探查明，城址建筑物废墟的瓦砾层下，是原生自然堆积的细砂，钻深13米，已深入到城墙根基之下，仍是一色的黄沙，这证明砂是筑城前就有的了"[⑤]。在论文前面，戴先生说明鉴于统万城对研究北方古代文化、民族关系以及地貌变化的重要价值，自1975年以来，他曾三次到现场考察，并在友人的热情襄助下，对城址进行了测绘和试掘，有了不少新收获。

① 侯甬坚：《道光年间夏州城故址（统万城）的调查事由》，《陕西师范大学学报（哲学社会科学版）》2003年第4期，第87—94页。

② 王北辰：《公元六世纪初期鄂尔多斯沙漠图图说——南北朝、北魏夏州境内沙漠》，《中国沙漠》1986年第3期，第29—36页；薛正昌：《赫连勃勃与统万城》，陕西师范大学西北环发中心编：《统万城遗址综合研究》，三秦出版社，2004年，第55—61页。

③ 张维慎：《赫连勃勃定都统万城原因试探》，陕西师范大学西北环发中心编：《统万城遗址综合研究》，第72—77页。

④ 丁超、韩光辉：《论赫连勃勃定都统万城的地理背景》，陕西师范大学西北环发中心编：《统万城遗址综合研究》，第62—71页。

⑤ 陕西省文物管理委员会戴应新执笔：《统万城城址勘测记》，《考古》1981第3期，第225—232页，图版297—298页。

此篇城址勘测记论文发表后，不少学者试图寻找机会予以证实。王乃昂团队在2005年野外实地考察过程中，于内蒙古自治区准格尔旗十二连城、陕西省神木县大保当古城、内蒙古自治区鄂托克前旗巴彦呼日呼等古城址城墙中发现"夯层沙"（系指古代城墙沙层与土层相间夯筑的物质）。实验分析表明其成因皆为风成，堆积时代应在建城之前，反映当时地表流动沙丘或半固定、固定沙丘的广泛分布，由此证明鄂尔多斯地区的沙漠在人类大规模开发之前即已存在。一些研究者根据古城的存在而得出结论说建城时应该是一处水草丰美的环境，根据本文对古城夯层物质的研究结果和历史文献记载，显然不能支持这样的说法①。

如今学界较为普遍地认识到统万城建城之初这里就是分布着流沙的沙地，并不存在设问三提到的"如果"那种情况，所以学界就甚少对这一设问作答的内容了。

设问四：这些流沙又是从哪里来的？

早在1954年11月，华东师范大学严钦尚先生就发表过《陕北榆林定边间流动沙丘及其改造》论文②，说明在陕北这一带就存在着"由于人类不合理使用土地，破坏地面植被，使古沙翻新，经风卷刮后堆积成为明沙——就地起沙"的现象。那么"古沙"之"沙"，或"就地起沙"之"沙"，是从哪里来的呢？

对此，严钦尚先生论文已有说明："在陕北和伊克昭盟，不论在白垩纪砂页岩、第三纪红土、第三纪末期或第四纪初期的红色土，以及红色土系以后的河流古代、现代冲积层、黄土和各种土壤层次中，都含有相当多的沙量，沙源是并不匮乏的。"这与前面介绍的董光荣先生的《鄂尔多斯高原的第四纪古风成沙》等论文内容有不少一致性。

1973年，侯仁之先生发表的《从红柳河上的古城废墟看毛乌素沙漠的变迁》论文，虽然望见了"矗立于滚滚流沙之中"的统万城古城废墟，踏上了脚下这一"淡黄色现代风成砂的表层"，书写了"眼前这一片渺无涯际的流沙"，发出了"这些流沙又是从哪里来的"之设问，但并没有说出自己的看法。

于此，我们知道了无论是"就地起沙"，还是"古沙翻新"，其流沙主要是来自地下，而每年从西北吹来并落下的风沙，与地下的沙层相比，总还是微乎其微的。

三、总的归纳和值得注意之处

在本论题研究中，曾经有过朱士光、赵永复两位先生发生过的学术争论③，2003年邓辉还刊发

---

① 王乃昂等：《鄂尔多斯高原古城夯层沙的环境解释》，《地理学报》2006年第9期，第937—945页。
② 严钦尚：《陕北榆林定边间流动沙丘及其改造》，《科学通报》1954年第11期，第28—34页。
③ 1981年，赵永复《历史上毛乌素沙地的变迁问题》论文在《历史地理》创刊号发表之后，1986年《西北史地》第4期刊出了朱士光《评毛乌素沙地形成与变迁问题的学术讨论》一文，1990年赵永复在《历史地理》第7辑上发表《再论历史上毛乌素沙地的变迁问题》一文，给予了回应。

过《统万城与毛乌素沙地历史时期环境变迁研究评述》专文[①]，2010年何彤慧、王乃昂就毛乌素沙地历史时期环境变化问题研究做了相当详细的述评[②]，均有利于研究论题的推进。

笔者注意到在何彤慧、王乃昂合作的著作里，归纳了学界关于毛乌素沙地的成因见解，具体分为自然主导说、人为主导说、自然与人文要素共同主导说，且将学界探讨沙地形成时代的看法，归纳成地质历史时期形成说、人类历史时期形成说两种倾向。更为重要的是，两位教授还概括了学界存在的四个问题，即：

（1）各种研究方法的局限性使得研究存在盲点。

（2）不同研究成果的时间尺度相差悬殊。

（3）对人类历史时期沙漠化与环境变化的分辨率普遍较小。

（4）一些先入为主的观点制约研究工作的深入。

对于历史地理专业学者的工作，两位教授评价道：

历史地理学虽然能够较多揭示面上信息，但存在断章取义、以今论古、文学语言缺乏科学性等一系列问题，同样的文献由于研究者的专业特长不同，很易形成完全不同的结论，对沙漠在各时代的空间范围、成因等的界定也很难保证其科学性。基于自然地理学的历史时期环境变化研究往往缺乏时空把握力，易将问题简单化与表象化[③]。

评论者还继续分析说：正是由于每种研究方法都各有优劣，而且由于研究者各自知识背景的局限，相互之间往往很难接轨，因此存在着研究的真空地带，同类研究方法依据相同资料，有时得到的结论也很难调和。例如，不同学者得出的全新世晚期气候波动的周期不尽统一；在人类活动方式对各时期的环境影响方面，有时观点是完全对立的；第四纪研究得到的人类历史时期环境变化信息与历史文献中提取的信息有时也很难协调；等等。要解决这些问题，一方面需要加强学科间合作研究，另一方面则需要运用新的研究手段进行更深入的研究。

20多年前，鉴于学界对历史时期沙漠化形成与变化的时代看法不一，就有学者以我国沙漠化历史过程研究最为深入的毛乌素沙地为例[④]，来做特别的说明。时至今日，尤其是何彤慧、王乃昂合作的《毛乌素沙地——历史时期环境变化研究》著作问世以后，学界有关本论题的探讨似乎是沉寂了，对于这种沉寂，可以理解为研究热潮已经过去，希望再问世的作品，应该是反思了何彤慧、王乃昂两位教授概括学界存在的四个问题后的新作品。

---

①　邓辉：《统万城与毛乌素沙地历史时期环境变迁研究评述》，侯甬坚、李令福编《走向世界的沙漠古都——统万城》，《中国历史地理论丛》2003年专辑，第106—112页。

②　何彤慧、王乃昂：《毛乌素沙地——历史时期环境变化研究》，第31—58页。

③　何彤慧、王乃昂：《毛乌素沙地——历史时期环境变化研究》，第50页。

④　董玉祥、刘玉璋、刘毅华：《沙漠化若干问题研究》，西安地图出版社，1995年，第15页。

清代徽商在浙西衢州活动遗迹之研究

王振忠

作者简介

王振忠，复旦大学中国历史地理研究所教授。

摘要：新安江是徽州的母亲河，由皖南一水东下，便到了浙西的严州府、金华府和衢州府，这三府是徽州人活动的重要场所，迄至今日，不仅在徽州文献中留有不少商业史料，而且在当地亦遗存有一些传统时代徽人活动的遗迹。本文结合《静寄轩见闻随笔、静寄轩杂录》和《衢州墓志碑刻集录》等文献史料，并通过实地调查，对清代徽商在浙西衢州的活动做一概述。从中可见，在衢州发现的徽商相关遗迹，不仅是研究徽人活动的珍贵史料，而且也是反映新安江流域民间信仰的重要线索。

关键词：徽商；衢州；徽州会馆；周宣灵王庙

浙西严州、金华、衢州三府是徽州人活动的重要场所[①]，许多徽州人在当地务工经商。以衢州

[①] 关于徽商在衢州府的活动，迄今为止的主要成果有：祝碧衡：《明清以来金衢严三府徽州人的活动及其社会影响》，复旦大学硕士学位论文，2001年；陈学文：《明清时期徽商在浙江衢州》，《史林》2008年第4期。此外，笔者亦先后发表：《徽州与衢州：江南城乡的片断记忆——稿本〈静寄轩见闻随笔、静寄轩杂录〉初探》，《社会科学》2011年第3期；《一九世纪中国における省をまたぐ诉讼案件の处理》，佐和田成美译，见白井佐知子等编《契约纷争の比较史料学——中近世における社会秩序と文书》，东京：吉川弘文馆，2014年；《清代徽商在浙江龙游的活动——以歙县许氏之典当经营为中心》，《江南社会历史评论》第18期，商务印书馆，2021年。

城为例，此处位于钱塘江上游，常山港、江山港在此汇合而成衢江，沿江码头林立，故有不少徽州人纷至沓来，这一点，对于衢州商界的影响颇为深远。举个典型的例子，民国《衢县志》在论及当地方言时专门指出："店友曰伙计，徽人则通称之曰朝奉。"①从行政沿革来看，1912年2月裁衢州府，改旧附郭首县的西安县为衢县。此一记载显然是说，与江南的不少地方一样，在衢县当地，受徽州的影响，"朝奉"一词作为店友之称呼亦颇为普遍。除了一般的伙计之外②，衢州商界的一些翘楚，也有不少来自徽州。例如，民国时期的衢县商会会长仇星农之"哀启"就指出：

……先王父履吉公生五子，成立者三，府君（仇星农）居长，幼奉严命，在籍读书蕃村鲍氏家塾，事宋上林姻丈业师如严父，视膳汲水，皆躬为之。弱冠，就试游庠。嗣先王父旅衢，营运纸货，设庄德昌，因命随侍练习。府君夙兴夜寐，勤慎将事，立志发展商业，以娱亲心。光绪二十九年，先王父授关分产给资，府君昆弟合营纸肆，开设怡泰、开泰，兼营贩运，信义克孚，贸易日盛。复以独资，自设星记纸庄，并恒裕、恒顺两号。又以私蓄，与柯介卿太亲翁在徽合设宏泰永纸箔号，与友孙润之父执等，在衢合设开源号。溯自民国十三年来，兵事递兴，时局骤变，纸货疲滞，熬费支持。兼之循□被累，层见迭出，经营惨淡，昼夜不宁，此其营业之苦况一也。府君以诸生居商界，留心社会事业，雅为物望所归。宣统二年，被举为衢州商会总理。时值衢地遍灾，乃募集巨资，历次举办平粜，以惠灾黎，当奉部、省、府各题"急公好义""嘉惠梓桑""热心公益"匾额……

此一"哀启"由著名学者余绍宋题签，其中所追思者为"弃儒就贾"之仇星农。仇星农来自徽州歙县霞峰仇村，生于同治三年（1864），卒于1933年。20世纪90年代，其后裔曾撰文追忆，誉之为"衢州徽商第一家"③。类似于此的商界巨擘还有一些，如歙县蓝田叶氏，也有不少成员世代在衢经商④。正是因为有众多的徽州人在衢州活动，故在民国时期，衢县有徽州旅衢同乡会⑤，而在此之前则有徽州会馆等，这些都与徽人的活动密切相关。

一、衢州的徽州会馆

2014年11月21日和2015年1月15日，笔者两度从徽州包车前往浙江衢州进行沿途考察，其间

---

① （民国）郑永禧纂修：《中国方志丛书》华中地方第584号，1929年辑，1937年铅印本；成文出版社，1984年，第844页。

② 在过去的二十多年间，笔者收集了一些徽州商人、学徒的书信，多侧面反映了徽商在衢州的商业活动和社会生活，拟陆续另文讨论。

③ 仇名虎：《衢州徽商第一家——记仇星农》，杭州徽州学研究会编：《杭州徽州学研究会十周年纪念文集》，1997年，第254—258页。

④ 叶元椿：《叶士衡先生及其家族经商史》，中国人民政治协商会议浙江省衢州市委员会文史资料研究委员会编：《衢州文史资料》第4辑，1987年，第171—178页。

⑤ 笔者手头有一册《徽州旅衢同乡会章程》（1930—1933），刊本1册。

购得数份当地旅游资料，其中有《衢州古城手绘地图》（2013年4月版），上面标注有"徽州会馆"。从地图上看，徽州会馆位于衢州市县学街和新河沿之间。几经打听，确认此处为县学街30号，现在是衢州市文学艺术界联合会之所在。该幢建筑计有数进，其外观的屋脊线抑扬顿挫，颇有徽派建筑之风格。进入之后，内门楼顶的一个藻井颇为别致，雀替等处的木雕亦相当精美，其内的主建筑尚有一些保存完好者，后进办公室前则有一经过改造的天井。

原徽州会馆外观

1993年10月18日衢州市重点文物保护单位碑

原徽州会馆入门后的内景

现存的藻井

遗存的木雕

经过改造的天井

从历史文献上看，衢州的徽州会馆亦称新安书院、徽国文公祠，始建于清乾隆二十一年（1756），后于乾隆六十年（1795）加以重修。嘉道以后，婺源士商江南春曾长年侨寓衢州，当时，他有相当长的一段时间居住在徽州会馆之内，其居所称作"居然"①。另外，江南春在《华园冈义冢序》一文中指出：衢州府城西门之外三里多，有山一处名为"华园冈"。清道光七年（1827），徽州歙县人汪某置买土地若干亩，原本是用以安葬祖先，但因故未能如愿，所以就将此地捐给新安书院。后来，会馆知事考虑到"书院以安生而无以妥死"，于是集议建设义冢，以免乡人尸骸暴露。对此，旅衢徽人踊跃捐输，左建厝所以贮客棺，让徽人于岁时伏腊得以祭扫亡灵；并于其右创建新福庵，供奉地藏王佛，每年中元节后延僧大放焰口，做超生法事。此后，因历年既久，"厝屋崩折，庵宇（欺）[攲]斜"。及至道光二十六年（1846），江南春的外叔祖、婺源鸿溪人汪乐山，在活跃于当地的徽州典商、盐商以及其他商厮商伙的支持下②，于华园冈毗连山径之下，续置若干亩，完善了原先的设施，并建客堂供守坟之人居住。其时，衢州城乡各市镇的徽人争先恐后地捐输。于是，主办方鸠工庀材，大兴土木，很快便按预定计划完成。稍后，旅外徽商又共同拟定了相关规条，将"创建之由，守成之法，镌之于石"③。华园冈义冢建成后，江南春受托题额"畅叙幽情"，并为之联曰："永夕永朝故土人情联太末；好山好水异乡风景胜新安。""太末"即会稽郡的太末县，治所在今浙江省龙游县。翌年，江南春应邀前往华园冈义冢，但见"墙屋鳞次，石柱齿排，暖日烘窗，烈风隔壁，中安土地神，祠旁立各幽魂木主，左停男棺，右栖女榇，横亘数十步。见之而凄然意索、悄然神伤者，厝所也。外则隆然凸然、新土未干、不计其数者，则今年之葬者也"。关于徽州旅榇所，民国《衢县志》指出共有三处，其中有两处都名为新福庵。

二、关于周宣灵王庙

周宣灵王庙外观

周宣灵王庙内景

①　（清）江南春：《静寄轩杂录》第3则《居然客窗记》，私人收藏。
②　（清）江南春：《静寄轩杂录》第6则《汪乐山外叔祖序》。
③　（清）江南春：《静寄轩杂录》第4则《华园冈义冢序》。

周宣灵王庙正殿 　　　　　　　　　　　　　　　　　　　　　周宣灵王庙中现存的碑刻

　　除了衢州徽州会馆之外，与之相近的周宣灵王庙亦与徽商之活动有关。道光二十四年（1844）秋，寓居徽州会馆的江南春曾指出：衢州城内的周宣灵王之庙极多，都将三月四日、四月八日作为周王的诞辰，"盈街塞巷，张幔演戏，直至五月无虚日"。当地人传说，在众多的周宣灵王庙中，只有朝京门内之庙，据称是周王肉躯之所在，与天宁寺定光佛的肉躯一样有名，最著灵异。另外，清代江南的各都会皆有徽州会馆，供奉南宋理学家朱熹。当时，衢州的徽州会馆中堂奉祀朱熹，左侧供奉周宣灵王（简称周王），右侧供奉财神。衢州西街的徽州会馆，每岁九月十五日夫子诞辰，都会"张灯结彩，礼拜演戏"。所以会馆值年之人，就是"狮子会"（详后）的值年之人。由于徽商的关系，周宣灵王庙与徽州会馆之关系颇为微妙。中堂之左供奉的周王，是新安江-钱塘江流域最受崇拜的神明，每逢周王诞辰，当地百姓要将供献给朱熹的供品预先奉献给周宣灵王，将在会馆所演之戏，先行在周宣灵王庙中上演。江南春在《关帝乩签》中还指出：衢州周宣灵王庙门外左、右的两尊石狮，是由徽州人制造，并船运到当地，创为狮子会，正是因为有此因缘，周宣灵王庙也为徽州人所控制①。每年于九月十三日张灯结彩，礼拜演剧。由于九月十三日较朱熹的诞辰要早两天，所以对周宣灵王的祭祀颇有喧宾夺主之势。

　　关于周宣灵王庙，衢州市博物馆所编《衢州墓志碑刻集录》中，收录有数种与之相关的碑刻。例如，清《敕封周宣灵王庙石狮石鼓记》曰：

　　孝子宣灵王者，纯孝格天，精成作圣，是有禅于伦教而封册于前朝者也。丙寅夏，余适过衢，谒王之庙，见左右有石狮、石鼓，其色青润如玉，肖吾黟石。谒于司祝，则果黟人之所输也。余曰：千钧岂轻致之物，越省非旦暮之途，吾乡诚敬之意可谓虔矣！爰晤董事诸公，始知向之客于衢者，发兹盛举，前倡后成。辇石于黟山之阳，追琢于衢城之阴，丹焰金铃，雌雄□舞，宛然蹲立

----

① （清）江南春：《静寄轩见闻随笔》第14则《关帝乩签》。

于庙门之侧，过而观者皆曰：此真可以壮神威而光庙貌者矣！狮既告成，吾乡云集于衢者，欲以志之，聊表微诚，以答神庥。而诸公嘱余为之记，曰：非欲为观美也，使后之览者知其所由来云尔。余曰：善。遂以诸公之言志于石。

今将捐资芳名列左：

吴圣祥仝男馨远，孙如川，胡尔福，黄元兴，裴亦千，李明岐，胡惟修，吴可贵，金景文，胡天章，汪天锡，倪明高/

吴振先，黄义昌，吴丕显，吴圣传，胡天锡，胡接先，李寄生，赵汉三，吴子云，施怀珍，胡圣祥，韩君有，蒋有龄/

□祥占，吴雨臣，余利泰，胡赞臣，汪禹功，汪天章，徐廷耀，江元佐，徐国祥，吴宇一，胡祥云，王有三，戴志财/

黄文博，王摄侯，孙廷璧，汪耀武，杨良先，胡又明，胡经三，江见中，汪平如，胡魁先，冯公美，胡廷如，江舜臣/

孙义可，余益安，孙旭初，范吟章，王西二，程昆璧，金晋平，余伯玉，余明贤，舒景章，黄馨远，汪天左，潘广如/

舒希如，王汉三，王敬承，范华远，王邦其，余向辰，金化艮［银］，黄惟光，孙荣吉，程抑如，黄茂先，胡永明，吴福寿/

汪京有，王德怀，胡楚川，叶连魁，史济时，汪时望，吴圣兆，吴仲达，王惟先，汪正其，程文祥，陈魁先，程致和/

汪时元，程东阳，孙涵白，舒于天，杨秉亮，程吁之，孙景修，余敬如，左国臣，吴继前，周寿先，吴尔功，裴顺德/

胡景文，王义取，吴西献，黄致和，鲍兆亨，胡绎如，吴惟清，李永周，谢天如，王文先，吴永祥，胡君贤，王天球/

卢兼三，余尔修，王约章，汪积侯，余体中，洪正南，卢荣光，金发祥，汪尔荣，刘金玉，程云从，周德圣/

胡亮有，胡允吉，汪恒隆，吴以明，余东白，胡神通，汪华光，王君从，左得明，吴永明，王天祥，黄永美/

何宇玉，王恒泰，汪颐君，黄尚友，徐克昌，胡吉先，胡渭三，陈家泰，汪章侯，胡起凤，江报田，朱社兴。

    古黟弟子汪伟沐手敬撰

       汪应学书

    大清乾隆十一年岁次丙寅桂月谷旦

    新安古黟众弟子沐手敬立[1]

---

① 衢州市博物馆所编：《衢州墓志碑刻集录》，浙江人民美术出版社，2006年，第105页。

根据《衢州墓志碑刻集录》的注录：该"石高142、宽62、厚8厘米。文10行，满行37字。楷书，字径2.5厘米。捐资芳名12行，每行13段，共153人，字径1.5厘米。志在衢州市城区周宣灵王庙内"。原文"今将捐资芳名列左"后注为"（略）"，以上捐输名单引文，则是笔者对照周宣灵王庙中的原碑加以补录。碑文中的"丙寅"，即乾隆十一年（1746）。当时，黟县人汪伟路过衢州，拜谒周宣灵王庙。他发现庙前的石狮、石鼓，与黟县青石颇相类似，故询问主事庙祝，得到了肯定的答复。接着，他又讲述了这些石狮的来历。原来，石头是运自黟山之南，在衢州当地雕琢制作，这与江南春之描述可以比照而观。从碑文末"新安古黟众弟子沐手敬立"的署名来看，这块碑是由一批与石狮竖造有关的黟县商人所立。

另外，周宣灵王庙中还有一块清乾隆十三年（1748）的《重修周宣灵王庙捐助芳名碑》，根据《衢州墓志碑刻集录》对该碑的注录："石高164、宽70、厚7厘米。文26行，人名分12段，字径2厘米。人名260及新安会，龙邑、常邑、西邑硙业，水亭街头二、三当，坊门街上、中、下当，善庆当、七当、青云当、柴家巷当，太平坊，南关外并月城，兰森会福扇，范和森行，万顺裕记，周王、胡伯二会，彩画。共捐银1087.15两，其中个人1005.85两，其他81.3两。"[1] 碑中提及的"新安会"，显然是与徽商有关的会社组织。水亭街头应即水亭码头，是衢州与外地通商交往的口岸，包括衢城大西门（亦称水亭门、朝京门）外沿江的盐码头、中码头、常山码头以及杀耿埠头和柴埠头[2]。此外，龙游、常山、西安皆为衢州府所属的县份。从民间文献来看，这一带的盐业基本上都是由徽州人所垄断。以常山县为例，早在明末，叶向高就撰有《新安里记》："定阳之有新安里也，盖鹤阳郑子创也。郑子，新安名族，以业盐侨寓定阳，因携家卜筑焉。其址在邑城之东，环数十家，皆其产也。凡新安人士流寓兹土者，郑子悉聚而居之，既洽比其邻，又念里族邱垄皆在新安，因于其地创辟一里，颜曰'新安里'，示不忘本也。……今兹间轩敞，房舍参差，盖俨然新安故里。"[3] 文中的"定阳"，即浙江常山县之古称。根据陈学文先生的研究，"新安里"位于衢州府常山县大东门内南首，明代中叶，歙县盐商郑九皋侨寓衢州常山，在县城东部置有房产数十。凡是徽州人流寓常山的，郑氏都将他们集中在一起居住，并因此创辟了一个"新安里"，以示不忘桑梓故里，从而在客居地形成了一个具有鲜明特色的徽人社区[4]。另外，前引碑文中还提及府城内的诸多典当铺。从江南各地"无徽不成典"的区域社会背景来看，这些典当铺即使不是全部，绝大部分也应当是由徽商所开设、运营。

---

① 衢州市博物馆所编：《衢州墓志碑刻集录》，第107页。
② 周明熙等口述、汪扬时整理：《"水亭码头"今昔》，见中国人民政治协商会议浙江省衢州市委员会文史资料研究委员会编：《衢州文史资料》第4辑，1988年，第148页。
③ 万历《常山县志》卷一《舆地表·疆域（市乡附）》，"爱如生中国方志库"。
④ 陈学文：《明清时期徽商在浙江衢州》，《史林》2008年第4期。

三、余 论

除了府城之外，徽商在衢州府所辖各个市镇中也多留有活动的足迹。如清道光二十四年（1844）《新安众商重修前殿碑记》记载：

航埠镇据三衢之上游，为西鄙一大都会。吾徽商前辈创建关圣帝君庙，又于嘉庆丙寅年重建后堂，添造前庭以及两廊暨神诞演剧台。未几，而中堂正殿栋宇倾颓，神像宝座亦多剥蚀，公议重整。因工程浩大，捐输难齐，未能如愿。兹已历有多年，势难再缓。若待陆续劝捐□□，迁延岁月，圮坏愈甚，修葺更难。爰集同人公兴义举，议定各号先行公捐，以便兴工，以继前志。于是择吉鸠工，始于甲辰年三月十八日，迄本年十一月初十日。朴斫丹臒，焕然一新，栋桷榱楹，百废俱举。是役也，吾侪志在绍先，敢云劳勣，惟愿后之人崇庙貌，肃明禋，美而益彰，盛而能继，则吾侪之所厚望也。功已告成，谊当勒石，爰记其颠末于此云。

……

大清道光二十四年岁在甲辰年十一月中浣谷旦，新安众商谨立①

航埠镇位于衢州市区西十公里，因其地处常山港下游航运埠头而得名②，此处为衢县西部主要货物集散地，自然是徽商麇集之所。做生意的人，讲究诚信，而关羽正因忠义、诚信名冠天下，故各地徽州人多奉祀关羽，有的还组织了"关帝会"。此处所引的《新安众商重修前殿碑记》，就反映了徽商在航埠镇重修关帝庙前殿的事实。碑后还有捐款名录，略加整理如下：

---

① 衢州市博物馆所编：《衢州墓志碑刻集录》，第129页。

② 陈桥驿主编：《浙江古今地名词典》"航埠镇"条，浙江教育出版社，1991年，第531页。唯该条作："航埠镇……民国十九年（1930）置镇，名溪西，二十五年（1936）改名航埠。"而据此碑文，则无论是"航埠"之名还是"航埠镇"，早在19世纪中叶即已存在。由此可见，《浙江古今地名词典》"航埠镇"条之沿革论述显然不妥。

"新安众商重修前殿碑"捐款名录表

分类	名称	捐钱数（文）	备注
商号（或个人）	佘谷庵	81000	
	程日茂	80000	
	程佩荣	2000	
	吴存耕	1000	
	吴芸谷、杨耕白	54000	
	戴源远	10000	
	程万顺	2000	
	吴本达	1000	
	鲍文玉	45000	
	汪裕泰	7000	
	吴永昌	2000	
	汪士俊	1000	
	吴醖香	45000	
	乾记坊	4000	
	程立本	2000	
	石含光	500	
	鲍佩鸣	36000	
	程万龄	4000	
	凌彝高	1000	
	程咸泰	36000	
	程煦园	3000	
	吴廷华	1000	
会	关圣帝会	100000	会内租谷余资
	渡船会	17586	会内租谷余资

上表所列捐款，除了诸多商号之外，还有两个会，如"关圣帝君会内租谷余资助出钱一百千文""渡船会内租谷余资助出钱十七千五百八十六文"。这说明两个会都是以租谷粜米取利，从中反映出这两个会应在当地皆置有田产，这当然是民间会、社组织的通常做法。

上述这些在衢州发现的徽商相关遗迹，不仅是研究徽商活动的珍贵史料，而且也是反映新安江流域民间信仰的珍贵文献。如江南春在《华园冈义冢序》指出："新福庵，供奉地藏王佛。"在徽州及新安江中下游的其他地区，民间历来有着"上齐云""朝九华"或"华云进香"的习惯，新福庵应与此有关，而与新福庵相关组织而成的应当就是"新福会"。关于这一点，在《衢州墓志碑刻集录》中，就收录有清咸丰三年（1853）的《新福会碑记》：

尝见《书》有曰："作善降之百祥。"夫祥者，即福之兆也。会以福□，谅亦获福于神圣，因名曰"新福"，其由来亦久矣。爰稽创始，礼拜日期，各出香赀，以为往来食用。会内原无帮贴，故当□期已至，恐或有阻于行者，其能免聚散之感乎？岁迄癸未，爰集进香人等共商，捐赀生放，以图微利，庶便及时应用，不□（致？）临渴掘井。孰知人有善念，天必乐从。嗣后竟渐放渐兴，复置产业，其生息约于递年八月付出应用。是上可以酬天□之圣德，下可以护斯会之长新。且更有以成与人为善之道，不亦无负创始人之本心也哉[1]。

由碑文可见，入会者要各出香赀，用于新福会活动的相关开支。新福会的一项重要活动便是朝山进香。对照《华园冈义冢序》提及的新福庵供奉地藏王来看，新福会的相关活动应主要是为"朝九华"而设。另据《衢州墓志碑刻集录》所著录，该碑于1983年1月22日文物普查时，在浙江衢县航埠的粮管所一带被征集而来，其后列有"合会芳名并所置田地税亩"，从中可见，新福会置有田产，这与徽州文书中常见的新安江上游之"种福善会"[2]等颇相类似。

① 衢州市博物馆所编：《衢州墓志碑刻集录》，第130—131页。
② 笔者收集有徽州"龙塘种福善会"的6册文书，记载的时间为1911年至20世纪30年代，其内容涉及朝山进香的行程、人数、收支、伙食、捐助，以及种福善会的收支状况和在当地所做的各类法事。详见拙文《华云进香：民间信仰、朝山习俗与明清以来徽州的日常生活》，《地域文化研究》2013年第2期。

川渝地区山城现存宋蒙战争相关题刻汇考①

蒋晓春　罗洪彬

作者简介

蒋晓春，男，1974年生，四川华蓥人，安徽大学历史学院教授，博士，博士生导师。

罗洪彬，男，1991年生，四川宜宾人，西华师范大学历史文化学院讲师，博士。

摘　要：宋蒙战争期间，宋蒙双方在川渝地区共建立了100余座山城。经实地考察，在16座山城中共发现了30幅与宋蒙战争相关的题刻，包括：剑阁苦竹隘、蓬安运山城、南充青居城、南川龙岩城、洪雅苟王寨、兴文凌霄城、合川龙多山寨、渝北多功城、涪陵三台城、荣县大刀砦各1幅，金堂云顶城、奉节白帝城各2幅，合川钓鱼城、巫山天赐城各3幅，平昌小宁城4幅，万州天生城6幅。按刊刻位置可分为摩崖题刻和城门券心石题刻两种，前者22幅，后者8幅。题刻总字数约5000字，大多保存较好，内容多为修城和守城记录，可补史载的不足，具有突出的文献价值。部分题刻中提到了当时修建的各类山城设施，为田野考古工作提供了线索，具有考古价值。除此以外，一些题刻还具有书法和文学等方面的价值。

关键词：宋蒙山城；题刻；价值

---

①　本文为国家社科基金重点项目"巴蜀地区宋蒙山城遗址考古调查与研究"（17AKG004）、四川省社会科学重点研究基地区域文化研究中心重点项目"宋蒙山城遗址申遗策略研究"（QYYJB2103）阶段性成果。

宋蒙战争期间，宋蒙双方在川渝地区共建立了100余座山城。这些山城有的保存较好，留存了包括题刻在内的丰富历史文化遗迹。从2013年起，笔者与四川古城堡文化研究中心的同仁对川渝地区的宋蒙山城遗址进行了多年实地考察，在16座山城中共发现了30幅与宋蒙战争相关的题刻，包括：剑阁苦竹隘、蓬安运山城、南充青居城、南川龙岩城、洪雅荀王寨、兴文凌霄城、合川龙多山寨、渝北多功城、涪陵三台城、荣县大刀砦各1幅，金堂云顶城、奉节白帝城各2幅，合川钓鱼城、巫山天赐城各3幅，平昌小宁城4幅，万州天生城6幅（图一）。其中，摩崖题刻22幅，城门券心石题刻8幅。这些题刻有的见载于历史文献或现代学者论著，但也有一些题刻失载。笔者翻检文献发现，现有录文（含笔者以前所录）在文字和断句方面多存在一些舛误，有重新释读之必要，且各题刻材料散见于各处，不便于学界使用。笔者拟将考察发现的川渝地区山城中所有现存宋蒙战争相关题刻汇总，进行录文、释读，并探讨其分类和价值。虑及篇幅，学界已有介绍者，不再详述，仅在录文同时适当补充介绍、补配图片，录文有修正之处以脚注方式注出。至于仅见于历史文献，现已不存或未能找到的题刻则以附表形式列于文后。

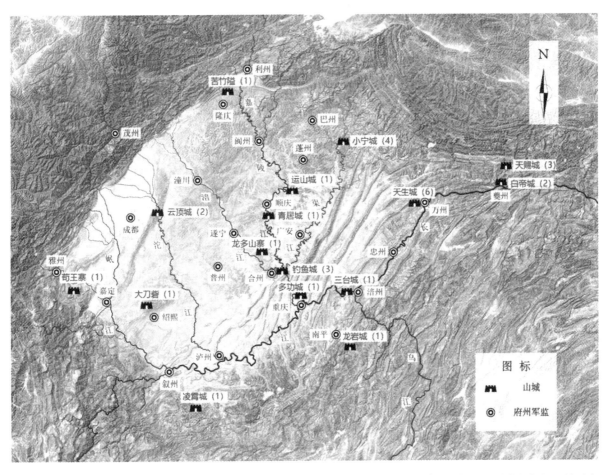

图一　川渝地区山城中宋蒙战争相关题刻分布图（城名后括号内数字为题刻数量）

一、题刻释读

下文分四川和重庆两地并以山城为纲，大致按由西向东、由北向南顺序进行介绍。

（一）四川境内

1.金堂云顶城

云顶城有宋蒙战争相关题刻2幅，分别见于北门和瓮城门券心石（图二）。

北门门道后券顶部券心石上有题刻1幅，分两行排列，清晰可辨，内容为：

左行（以题刻本身方向为准）：

忠翊郎利州驻扎御前右军统领兼潼川府路将领都统使司修城提振官孔仙。

右行：

保义郎利州驻扎御前摧锋军统制兼潼川府路兵马副都监提督诸军修城萧世显。

两行最后跨行大书"规划"二字。题刻中萧世显为统制，孔仙为统领，萧世显职位高于孔仙，因此，右行题刻在前，左行题刻在后。

另一幅题刻见于瓮城门内拱券心石，内容为：

皇宋淳祐己酉仲秋吉日，帅守姚世安改建。

题刻中"世安"二字极小，已模糊不清，依据《宋史》可确定为姚世安。可见，瓮城门建于淳祐己酉年（淳祐九年，1249）。上述两幅题刻记录的是云顶城修建和改建之事。

1   2

图二　云顶城题刻拓本①
1.北门题刻 2.瓮城门题刻

---

① 拓本来源于高文、高成刚：《四川历代碑刻》，四川大学出版社，1990年，第208页。本文照片均自摄，不再一一注明。

2.剑阁苦竹隘

苦竹隘东门（今名卷洞门）券心石上有题刻1幅，文字上方阴刻覆莲纹，下方阴刻仰莲纹。文字由内向外书写，竖排一行，阴刻楷书，字迹清晰（图三），文曰：

宝祐乙卯七月吉日，武功大夫右骁卫将军知隆庆府事节制屯戍军马任责置捍御段元鉴创建。

题刻中"段""创""建"三字较大，"元鉴"二字颇小。宝祐乙卯为宋理宗宝祐三年（1255）。题刻内容为段元鉴创筑苦竹隘事。

图三 苦竹隘东门题刻

3.平昌小宁城①

小宁城现存宋蒙战争相关摩崖题刻1幅，城门题刻3幅。

（1）《小宁州记》

---

① 题刻详细情况及图片参见四川省文物考古研究院、西华师范大学历史文化学院、平昌县文物局：《四川平昌县小宁城遗址调查简报》，《四川文物》2019年第1期。

题刻位于西门外河滩崖壁上，文首题"小宁州记"四字，阴刻双钩楷书，笔画圆润。保存完好，字迹清晰。其文曰：

小宁州记/

宋淳祐乙巳，制置使余/侍郎遣都统制张实总/师城巴，为兴汉之基，主/兵监修。总管刘汉文、谭/渊，钤辖张虎臣、陈兴，路/分曾友端、权旺、霍舜臣、/刘成，路将刘文德、徐昕、/安忠、巩琦、孟俊、徐立，拨/发壕寨王成、汪仲、李德[①]。

淳祐乙巳为淳祐五年（1245）。题刻简单记载了小宁城修建目的及各级参与者姓名。

城门题刻分别位于西门、小西门和北门，均凿刻于城门券心石上。

（a）西门题刻

西门题刻包括正文和前后的人名。正文为：

皇宋淳祐己酉孟秋吉日，武显大夫利东路马步军副总管权知巴州军州事节制军马任责城壁捍御边西谭渊创建。

正文前后人名残失较多，前端题名隐约可见"杨顺""赵国兴"等字，后部题名可见"……夫面作头[②]王成、杨仲午"。

淳祐乙酉为淳祐九年（1249），题刻内容为谭渊修建西门之事。

（b）北门题刻

北门题刻正文后半段仅余半边，但大体可识，其文如下：

皇宋淳祐辛亥仲冬吉日，武功大夫利东路马步军副总管改差知渠州节制屯驻戍军马□□□□□。

正文左侧有两行小字。左侧第一行磨泐较严重，可辨者有"作头赵桂"4字；第二行较清楚，内容为"成忠郎利路路将充御前分屯制帐前军统领部辖军马渠州捍御王孝忠"。

淳祐辛亥为淳祐十一年（1251），题刻为该年修建北门之事。

（c）小西门题刻

小西门券心石拱券题记由居中的正文和两侧题名组成。风化较严重，部分文字起壳、脱落。正文为：

---

① 《简报》遗漏碑题"小宁州记"四字，"主兵监修"后未标点。
② 《简报》误作"基（？）面作头"。

皇宋淳祐壬子季夏吉日，武功大夫宜改差权发 遣 渠州军州事兼节制本州屯驻屯戍……①

右侧题记为：

监修统制赵国兴，石匠……②

左侧题记为：

忠训郎利路路将充御前分屯利帐前军统……拨发官杨顺，将官王立（？）。

淳祐壬子为淳祐十二年（1252），题刻记载了修建小西门之事及参与者题名，赵国兴之名也见于西门题刻。

4.蓬安运山城③

运山城现存宋蒙战争相关题刻1幅，即《宝祐纪功碑》，位于东门内侧崖壁，保存基本完整，部分文字脱落或人为凿毁。结合光绪《蓬州志》等方志录文如下：

宝祐甲寅秋八月，今/制使西清蒲公檄： 三泉 张 侯大悦摄蓬郡，/民安其政。越明 年夏 ， 值鞑 侵入，伺东城门/弥旬，意叵测。侯 不恃险而 忽备，惟整静以/待之。竟不果犯， 引去 。/宪漕开国施公 目 击其事，器侯为能，请于/宣制，阃以正辟 闻 于/朝。秋，阃令调兵增戍。侯会诸头目，议峻/东门之险，屯戍部辖袁升、廖友兴、黄拱、蒲/叔洪，并本部蔡世隆、牛国才、冉雄飞等咸/欣然曰诺。遂以八月涓吉简工，役食制廪，/凿崖通道，辟重门，拓旧址而崇之， 架楼橹 /其上。阖城文武官吏士民与 相其役 ，三□月而成。泊冬涉春，哨骑再来则不敢轻也。/是役也，备 胜势 ， 折虏 谋。金谓 侯之功 □□，/然书功非侯 意 也。岁丙辰夏，仆以□□□/抵郡，顾瞻营缮， 气象一 新。因谕□□□□/段劳绩，宜磨 坚珉 ， 师言 允谐，用□□□。/宝祐四年八月吉日，从政郎利路□□□□④。

宝祐甲寅为宋理宗宝祐四年（1256），题刻详细记载了张大悦守蓬期间对运山城的大规模修缮事迹。

---

① 《简报》误释为"皇宋淳祐壬子季夏吉日，武功大夫□改差权□□渠州军州事兼节制本屯"。
② 《简报》中录文未断句。
③ 详情及照片可参阅政协蓬安县文史学习委、四川古城堡文化研究中心：《运山古城》，西南财经大学出版社，第103—104页；蒋晓春、蔡东洲、罗洪彬等：《南宋末川渝陕军事设施的调查研究》，重庆出版社，2020年，第47—48页。
④ 本释文在文字加框、断句方面与《运山古城》《南宋末川渝陕军事设施的调查研究》略有不同。

5.南充青居城

青居城东岩存1幅宋代题刻，打破唐代题刻，幅面高184厘米，宽85厘米，阴刻楷书。保存较好，基本能释读（图四）。全文如下：

重修东岩记/①

木匠都作头王坚、提振官杨再兴。/东岩药师道场创自有唐开元八年，至我/宋淳祐壬子，垂五百五十年矣。阅岁滋久，风雨飘颓，仅余石像，山隈岩角，荆棘/蒙蔽。先是前三年始城清居，太守金城甘大将军属地兴版筑之役，一见怜/之，为除丛秽，立精舍，补圣像之所缺，施金碧而妆饰之。由是，药师、老子与二菩/萨容颜奇妙，毫光照人。至于左右，绘画药叉、护戒之神，置造宝床、献具，规模大备，/远近观者莫不感叹。命诸徒德谦、义忻旦夕扫尘，严香火之奉，广竖福田，非与/佛有缘者焉能办此！董事邠州朱清欲记岁月，前南充尉河池曹子楙为书颠/末，以镌诸石。是岁下五月中浣，画士洋州王义，本府雍文炳、文兴、张志全，石匠杨□□、□/施主官□□，监军云统制、杨统制、刘统制，□连□赵弹压、符弹压，曲水镇官王世威，/帐前罗提举、杨提督、□缘赵林，施主宝□□、何忠堃、智先。

图四 青居城《重修东岩记》照片及拓本

① 符永利、罗洪彬：《四川南充青居城调查与初步研究》，《西华师范大学学报（哲学社会科学版）》2015年第2期。该文录有题刻全文，正文录文正确，但标题误为"重修东岩大佛记"，本文修正了标题并增加句读。

题刻刊刻于淳祐壬子，即淳祐十二年（1252）。据文中"是岁前三年始城清居"可知，甘闰修建青居城当始于淳祐九年（1249）。文中详细记述了甘闰筑城之后，不忍见东岩风雨飘颓、荆棘蒙蔽，重修东岩药师佛道场、妆饰佛像之事。

6.洪雅苟王寨

苟王寨始建于南宋建炎年间，本为躲避金人南侵而修。宋蒙战争期间，当地人重修以避乱。其中第14号题刻与宋蒙战争相关（图五），据其内容可命名为《吕桂重修苟王寨记》。内容为：

西蜀不幸，连/年被鞑贼所/扰。时戊戌嘉/熙二年崖匠/吕桂等修①。

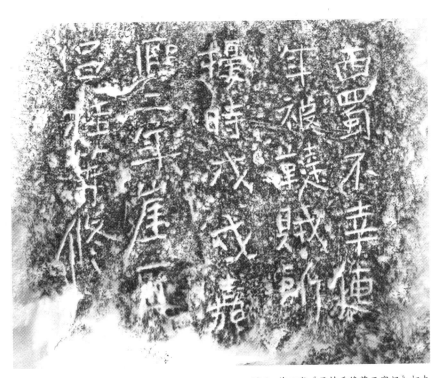

图五 苟王寨《吕桂重修苟王寨记》拓本

7.兴文凌霄城

凌霄城有宋蒙战争期间相关题刻1幅，可名为《朱禩孙创筑凌霄城记》。题刻位于凌霄城山麓上山道路旁一块独石上，幅面高252厘米、宽153厘米。楷书阴刻，字口深峻，保存较好，大体可识（图六），结合早年拓本释读如下：

宋宝祐乙卯，鞑贼自云南幹/腹。越明年，制臣蒲择之以/天子命命帅臣朱禩孙措置/泸、叙、长

---

① 符永利、张婷《四川洪雅县苟王寨摩崖造像内容总录》（《长江文明》2019年第2辑）录有题刻全文，本文增加了断句并配备拓本照片。

宁边面。又明年，城凌/霄，为屯兵峙粮，出攻入守据/依之地。闰四月经始，冬十月/告成。长宁守臣易士英任责，/潼川路总管朱文政督工①。

题刻介绍了凌霄城创筑的背景、目的和建造者，刊刻时间为宝祐五年（1257）。

图六　凌霄城《朱禩孙创筑凌霄城记》拓本②

8.荣县大刀砦

大刀砦未见于文献记载和学者著录，其南门（友信门）券心石上有题记1幅。阴刻楷书，字径约5厘米，字距较宽，分布疏朗（图七）。文曰：

宝祐丁巳季冬吉日书。

"书"字仅存一半。宝祐丁巳为宝祐五年，即公元1257年。

图七　大刀砦友信门题刻

（二）重庆境内

1.合川钓鱼城

钓鱼城现存3幅与宋蒙战争相关碑刻，分别是王坚纪功碑、土地岩题刻和镇西门题刻。

---

① 蒋晓春、蔡东洲、罗洪彬：《南宋末川渝陕军事设施的调查研究》，第89页。题刻录文中"朱禩孙"误为"朱祀孙"。
② 拓本来源于高文、高成刚：《四川历代碑刻》，第212页。

（1）王坚纪功碑

此题刻位于钓鱼城九口锅下千手观音龛所在巨石上，碑文被千手观音像及附属小龛打破，大部不存。残存碑文也被人为凿毁，仅剩数十字残文（图八）。不少学者曾抄录残文并进行了考证，但目前公开的录文中皆有不同程度之漏误。如胡昭曦先生将做半部第4行残文录作"签书"[1]，其后刘基灿[2]、池开智[3]、孙丰琛[4]等学者亦从此说。但经笔者现场识读并对比《四川历代碑刻》中收录之残文拓片，确定此二字实为"盖以"[5]。现参考前人成果并结合实地观摩，重释文字如下：

左半部残文为：

……汉……跨开达□/……不……逆丑元主，/……王公坚以鱼台一柱，支半壁，/……盖以[6]……/……□戒于……/……□□八……/……相吕公……

右半部残文为：

……六十稔矣□黎有/……于□定之□投机[7]/……西蜀，其自襄樊始，/……诗纪厥功，被之金石。/……奉为父母，拜识其灵。/……□□□□□□……/……□□□□辟其 签书 /……

图八 钓鱼城《王坚纪功碑》局部拓本[8]

此碑刻文字虽然残失较多，但性质清楚，是后人为王坚立的纪功碑。不过碑刻的开凿时间存在一些争议。胡昭曦认为刻于至元八年（1271）十一月忽必烈诏改国号之后的张珏守合期间[9]，刘基

---

① 胡昭曦：《反映南宋末年四川军民抗元斗争的几件历史文物》，《四川大学学报（哲学社会科学版）》1981年第4期；胡昭曦、唐唯目：《宋末四川战争史料选编》，四川人民出版社，1984年，第632—633页。

② 刘基灿：《钓鱼城碑刻初探》，《西南师范大学学报（哲学社会科学版）》1997年第4期。

③ 池开智：《钓鱼城土地岩摩崖题刻初探》，《钓鱼城历史与展示研究文集》，重庆出版社，2018年，第26页。

④ 孙丰琛、高兰兰、姜家霖：《重庆钓鱼城宋蒙（元）战争时期摩崖碑及相关问题考论》，位光辉主编：《冲突与融合：多元文化视域下的中国钓鱼城学术研讨会论文集》，中译出版社，2020年，第46页。

⑤ 高文、高成刚：《四川历代碑刻》，第198页。

⑥ 蒋晓春、蔡东洲、罗洪彬等：《南宋末川渝陕军事设施的调查研究》，第191页，释读为"益以"。

⑦ 池开智先生录作"设机"，文意似不通；胡昭曦、刘基灿、孙丰琛等先生录作"授机"，但观此字左半部为"扌"，右半部为"殳"，当为"投"。

⑧ 图片采自高文、高成刚：《四川历代碑刻》，第198页。拓本中"开达""逆丑""柱支"几字因拓本拼接问题而重复。

⑨ 胡昭曦：《反映南宋末年四川军民抗元斗争的几件历史文物》，《四川大学学报（哲学社会科学版）》1981年第4期。

灿进一步考订为张珏1272—1276年知合州后期所刻，[①]孙丰琛则认为刻于咸淳四年（1268）的可能性最大[②]。

笔者认为，该题刻宣传王坚抗蒙功勋目的在于激励将士守土卫国之决心，除了与朝中人物风评有关外，更与当时的战争局势密切关联。题刻中提到"西蜀，其自襄樊始"。咸淳九年（1273）吕文焕在坚守六年后最终降元，是元灭亡南宋的一大里程碑事件。襄樊失陷后，加快了灭亡南宋的步伐。在四川战场，战局也发生了很大的变化，宋元之间的战斗明显白热化，且随着时间的推移，宋军形势越来越不利。德祐元年（1275）是宋元战争的一大转折点。此年，先是南宋达州守将鲜汝忠降元，开、达二州陷落，南宋夔州路门户洞开。碑文中"跨开达"一句很可能与此有关。六月，"昝万寿以嘉定及三龟、九顶降，守将侯都统战死，已而泸、叙、长宁、富顺、开、达、巴、渠诸郡不一月皆下"[③]，元军合兵围攻重庆，钓鱼城与重庆城已陷入元军包围。题刻中的"西蜀，其自襄樊始"大概即指襄樊陷落后，四川地区山城纷纷陷落，战局急转直下，此时的钓鱼城急需用王坚的精神来激励官兵。此时的钓鱼城守将张珏曾为王坚部将，对王坚有深厚感情，由他来主持刊刻纪念王坚功绩的碑刻合情合理，加之张珏于景炎元年（1276）十二月离合赴渝，因此，我们认为《王坚纪功碑》最有可能刊刻于德祐元年（1275）至景炎元年（1276）之间，以1276年张珏离合之前可能性最大。

至于该碑刻被人为铲除则应当是钓鱼城陷落之后元人的泄愤结果了。大概是出于对王坚的纪念和对元朝政权的不满，当地人后来又在纪功碑上雕刻了千手观音和观音救八难图像，既有将王坚视为救苦救难的观音之意，又利用了群众对观音的信仰避免碑刻被进一步破坏。

（2）土地岩题刻

此题刻位于钓鱼城西北部外城马鞍山崖壁上，1998年3月修建钓鱼城旅游公路时发现。题刻早年被人为凿毁，近年来又遭水蚀，剥落严重，难以识读。池开智、孙丰琛等曾录残文，共29行，其文曰：

……□公□□□□成□全众／……乃岁□□□□□一／□□□□□兵峰元□虽欲□□／□□□□□□□□势易，／元主千一百人□□列队（敌？）／□□□□□之急□飞丸／□此□□□□足□□□不／□初守城栈，可殁，发必中／□□□日夜□□果业贼／□□□城者万众侍□为／□□□□□辨□不（人？）□□／□□□□□□□□□阳之／□□□以□以□运（达？）□□／□□□□□□将□□／□□□王□水□□／□□□官朝贡张□／□□□□鱼丑旅（政？）仇子如／□□□□画□者□三为／□□□□□□□□用□血凶／□□□□□日乃／□□□□□至是元／□□□□旦□□□□／□□□□□□□如外

① 刘基灿：《钓鱼城碑刻初探》，《西南师范大学学报（哲学社会科学版）》1997年第4期。
② 丰琛、高兰兰、姜家霖：《重庆钓鱼城宋蒙（元）战争时期摩崖碑及相关问题考论》，位光辉主编：《冲突与融合：多元文化视域下的中国钓鱼城学术研讨会论文集》，第46页。
③ 《宋史》卷451，中华书局，2013年，第13282页。

/□□□□□□□□□□□/□□□□□□□□□□□□/□□□□□□□江□□□/□□□□□□□□□□①。

残文内容为开庆元年（1259）王坚固守钓鱼城之事，故其刊刻时间当在此后不久。蒙哥汗在钓鱼城兵败并于开庆元年（1259）七月崩殂，因此，题刻的刊刻时间很可能在开庆元年（1259）下半年。但题刻为何刊刻于西北外城马鞍山之上，又因何被凿毁？池开智认为此碑或印证了开庆元年钓鱼城之战宋蒙双方在西北外城激战的事实，并由此推断马鞍山一带或为蒙哥突破钓鱼城西北外城并受伤之地②，此说甚确。钓鱼城周边崖壁众多，适合刊刻摩崖之地随处可见，而土地岩一带地处偏僻，崖壁也不够高峻宽广，并不是一个良好的题刻刊刻地（钓鱼城上百幅题刻均不位于此处亦是明证）。之所以选择在此地刊刻，显然与蒙哥在此受挫有关，属于事发地纪念。

碑文被后人逐字铲除，其铲除原因可能与《王坚纪功碑》一样，为元人占据钓鱼城之后的泄愤之举。

（3）镇西门题刻

此题刻位于钓鱼城镇西门南侧崖壁，上部风化，下部可辨者共7行，楷书阴刻（图九），文字如下：

……胜之地，唯合阳为/……此，不亦宜乎？琳/……复广安，若军若/……郡有贤城之才……韧于兹矣。咸淳/……日刻。□□官总统戍合军马朐山秦琳谨记。

图九 钓鱼城镇西门题刻③

① 池开智：《钓鱼城土地岩摩崖题刻初探》，《钓鱼城历史与展示研究文集》，第34页；张文、孙风琛：《钓鱼城历史文献汇编》，重庆出版社，2020年，第24—25页。
② 池开智：《钓鱼城西北外城攻城地道之我见》，《钓鱼城历史与展示研究文集》，第63页。
③ 图片采自重庆文化文物考古研究院、钓鱼城古战场遗址博物馆：《钓鱼城遗址考古报告集》，科学出版社，2022年，第81页。

题刻刊刻于宋度宗咸淳年间，为时任"总统戍合军马胸山秦琳"所撰。碑中"复广安"应指宋军收复广安大良城一事。宋蒙双方曾在大良城展开多次争夺，致其五易其手。因碑文中有"咸淳"号，显然此次事件为咸淳二年（1266）张珏收复广安之事。这次收复大良城是在宋军处于极度不利情况下的军事行动，暂时破灭了蒙军"据夔取蜀"的战略战术，其意义远胜于其他收复大良之役。而且，此次收复大良城的宋军出自钓鱼城，故纪功碑刻于钓鱼城也就不足为怪了。因此，此碑虽为秦琳所立，但碑文中所记当为张珏复大良之功[①]。

2.合川龙多山寨

文献未见龙多山寨与宋蒙战争相关的记载，但笔者实地考察发现龙多山寨部分寨墙具宋代特征，有可能始建于宋蒙战争期间。现存与宋蒙战争相关题刻1幅，位于西岩太平门右侧，摩崖，楷书。宽119厘米，高135厘米，字迹剥蚀严重，存11行，字径2—3厘米。（图十）参照张森楷《合川县志》录文如下：

龙多仙泉，有请必应，其来尚矣，然不诚未有能动者。岁乙巳，使张将军守□郡，□□以□□□帅僚属，□炎涉远，来登兹山，熏香祈祝。是夕雷雨交作，随/轩而□，岁则大熟，民于今称之。岁壬子，将军之子宰郡邑之二年也，春而/夏□暑不雨，生意几息。令尹有志于民，以邑佐牛仙尉真诚可使，委以请□，而/牛仙尉亦有□雨素志。夜半即三沐其身，呼天发愿，自言牛显是无□食/赵官家禄，天旱□□民间必是饥死，我怎生安坐！越翌日之平旦，单□布袍，赤/□□登山，一步一礼，皈叩冯仙，心口□誓，必得雨而后退。且曰若□□□□命/宿山。方祠下炷香礼拜，顷刻间而甘霖降于是，官吏带雨而下山。牛仙尉躬自背□/捧炉，令佐相与迎接，归县安奉。连日沛然沾足，则苗勃然兴之矣。东坡有云：五/日不雨可乎？曰：五日不雨则无麦，十日不雨可乎曰？十日不雨则无禾，无禾无/麦岁且荐，饥狱讼繁兴而盗贼滋炽，吁！一雨之关系如此，今吾邦时雨沛降，不/但五日十日而已也，诚一发而捷，若感应□转而膏泽，愁苦转而歌吟，是□/□大夫同寅叶恭之所召，亦牛仙尉一诚悫切之所感也。田父老喜来告

图十 龙多山寨《牛仙尉祈雨记》

[①] 孙丰琛认为此碑或可命名为《张珏纪功碑》，参见孙丰琛、高兰兰、姜家霖《重庆钓鱼城宋蒙（元）战争时期摩崖碑及相关问题考论》，位光辉主编：《冲突与融合：多元文化视域下的中国钓鱼城学术研讨会论文集》，第20—35页。

余□，/一言以纪其实，余□牛仙尉何如人也？□□□□□而通天心可□□□。淳祐/十二年夏五既望□召□□□谨记/。

根据题刻内容可定名为《牛仙尉祈雨记》，题刻中言及张将军及其子先后为地方郡守之事。张将军未详其名，或为张实。刊刻时间为淳祐十二年（1252）。

3.渝北多功城

多功城西门券心石上有楷书题记，阴线双钩，大多数字保存较好（图十一）。嘉庆《巴县志》、嘉庆《四川通志》等文献录为"端明殿学士大中大夫四川安抚制置大使朱禩孙建"，道光《江北厅志》录为"端明殿学士大中大夫四川安抚制置大使朱禩孙建此"。刘喜海《金石苑》录为"端明殿学士太中大夫四川安抚制置大使朱禩孙建"[①]。据《金石录》记载，刘喜海所据为罗培升的拓本。高文《四川历代碑刻》一书所附拓本与《金石录》相同，可见《金石录》所记可信。目前，该题刻中的"禩孙建"三字已经完全磨灭。

图十一　多功城朱禩孙建城题记拓本和刘喜海摹本

4.南川龙岩城

龙岩城现存宋蒙战争相关题刻1幅。题刻位于龙岩城山腰崖壁，幅面呈长方形，高340厘米，宽480厘米，计18行，双钩楷书，字径8—18厘米，虽有霉变、青苔等影响，字迹尚较完好，基本可通读（图十二）。咸丰及光绪《南川县志》有完全相同录文[②]。张钦伟[③]、周晏[④]、唐冶泽[⑤]、蒋刚[⑥]等学者亦曾录此碑文，但均存在未断句和释读错误情况。题刻命名也各不相同，今依惯例命名为《茆世雄补筑龙岩城记》[⑦]，录文并标点如下：

宋宝祐乙卯，/上有旨城南平。越三年，守臣淮东都梁/茆世雄戍[⑧]罗播，城龙岩[⑨]毕事。嘉平，

① 刘喜海：《金石苑》，巴蜀书社，2018年，第145页。
② 《南川县志》卷11，清咸丰元年（1851）刻本；《南川县志》卷11，清光绪二年（1876）刻本。
③ 张钦伟：《南宋抗元名城龙岩城》，《四川文物》1996年第4期。
④ 周晏：《南宋抗蒙第一纪功碑——龙岩摩崖》，《重庆交通大学学报（社科版）》2007年第5期。
⑤ 唐冶泽：《重庆南川龙岩城摩崖碑抗蒙史事考》，《四川文物》2010年第3期。
⑥ 蒋刚、甄宏达、杨瑞：《重庆南川龙崖城》，《大众考古》2020年第1期。
⑦ 咸丰、光绪《南川县志》均名为《龙崖城摩崖记》。据龙岩城另一幅题刻《史切举创筑马脑城记》（见嘉庆《四川通志》卷58"南川县"条，具体内容详见本文附表），宝祐四年史切举已经在此筑城，故茆世雄在宝祐六年的修筑为补筑。
⑧ 咸丰、光绪《南川县志》均作"戍"。
⑨ 咸丰、光绪《南川县志》均作"崖"。

奉/阃命领郡寄。始至，鞑已及境①。正月，贼酋/重兵攻城。二月再寇，斩虏使，焚伪书，诸/将争击，贼败而退。献俘授馘，功不一书/。先是，城池草创，浚之崇之，遂为南方第/一屏障。阃台以全城却敌闻之公朝，/上恩叠颁②，宰掾枢宣钧翰踵至，咸谓/兴筑以来所创见也。共事者③：钤路赵全、/苗士龙④、王用、寇青、常喜、樊文贵、郭德、何/展⑤、朱珍、刘储烋⑥、江司总管雷震，钤路张/福、孟世英、韦喜、汪兴、汪世、雄兴国、王富，/前太守李奕承，郡丞石大异，僚属刘应/炳、张震珪⑦、张善祥、姚鼎发、张熙载、程师/望、杨钧、勾印、文巳传、张惠、何友贤、唐化/龙、冯炎之、赵孟�………⑧、韦翔凤⑨、张起南、侯应/申、王韩。开庆改元七月既望，拜手谨书。

题刻刊刻于开庆元年（1259），记叙了苗世雄修建龙岩城的背景、过程及御敌效果，并详细记录了参与者姓名。

图十二 龙岩城《苗世雄补筑龙岩城记》全貌和局部

5.涪陵三台城

三台城（又名龟陵城）有宋蒙战争题刻1幅，即《阳立创筑三台城记》。题刻位于东门外道路左侧崖壁，保存较好（图十三、图十四）。全文如下：

---

① 周晏录文在"及境"后衍"内外"二字。
② 周晏录文"迭颁"后磨灭二字，以两个□表示，实际上"迭颁"字后为一个空格，以示对下文官员的尊敬，并无缺字。
③ 唐冶泽录文省略以下人名。
④ 张钦伟、周晏、蒋刚录文误为"苗世龙"。
⑤ 周晏、蒋刚录文误为"何殿"。
⑥ 周晏、蒋刚录文误为"刘储杰"。
⑦ 嘉庆《南川县志》作"张正珪"，周晏、蒋刚录文遗漏"珪"字，张钦伟误录为"圭"。
⑧ 周晏、蒋刚录文遗漏"偲"字。
⑨ 周晏、蒋刚录文遗漏"翔"字。

涪州守臣阳立奉/命相视三台，申/闾创筑。/宋咸淳丙寅春记①。

咸淳丙寅为咸淳二年，即1266年。题刻内容十分简略，仅提及筑城者及筑城时间。碑文中"阳立"二字似为后人有意铲除，不排除是三台城陷落后元人所为。

图十三 三台城《阳立创筑三台城记》照片　　　　　图十四 罗洪彬考察《阳立创筑三台城记》

6.万州天生城

天生城内城东崖似刀削斧劈，非常适合刊刻摩崖题记，故天生城的摩崖题刻均位于此处。计6幅，按刊刻时间逐一介绍。

（1）淳祐年残刻

双线阴刻，楷书，两行，崖壁剥落严重，仅余"淳祐辛……/守临邛……"数字，无刻工、书人、时间等信息（图十五）。查淳祐年间元年（1241）为辛丑，淳祐十一年（1251）为辛亥。但这两个时间是否为题刻刊刻时间亦不能肯定。据乾隆《万县志》记淳祐年间在万州任同知的有张宾、

① 详情及拓本参见重庆市文化遗产研究院、涪陵区博物馆：《重庆涪陵区龟陵城遗址2017年调查与试掘简报》，《江汉考古》2020年"重庆古代城址考古"专辑。

张寿、吕师夔三人①。同治增修《万县志》只提到张寿和吕师夔二人，而将张宾系庆元中任②。刊刻者或许为上述某人。

 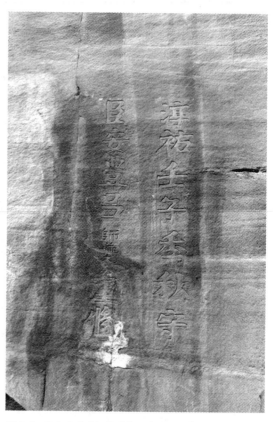

图十五　天生城淳祐年残刻　　　　　　　　　图十六　天生城《吕师夔重修天生城题名》

（2）《吕师夔重修天生城题名》

保存较好，双线阴刻，两列，字迹清晰（图十六）。全文为：

淳祐壬子季秋守/臣安丰吕师夔重修。

淳祐壬子为淳祐十二年，即1252年。这段题刻表明淳祐十二年秋，吕师夔对天生城进行了重修，只是题刻未提供具体情况。

（3）《刘应达增筑天生城记》

笔者未见到实物，据蔡亚林撰文介绍，文字已基本脱落不可释读，原文共220余字，民国二十五年熊特生修《万县志》（稿本）收录162字③。今照录如下：

①　乾隆《万县志》卷3《宦绩》，清乾隆十一年（1746）刻本。
②　同治增修《万县志》卷22《职官志》，清同治五年（1866）刻本。
③　转引自蔡亚林：《天空之城——万州天生城》，重庆考古公众号，2019年9月3日。

□□□□万州保障，四壁巉岩，固有不□□□□其间□□者，不容不因险以图全。□□□□秋，玉堂刘应达假守是邦。越明年，政简□□□□画工程经费更筑垒石城就凸取多剥颓□□□□增之。是役也，起于东门□中馆亭约计□□□□□□□□堡建圆楼以□冲屹屹崇□□□□□□□□备藉力于戍□□毛不以属□□□□□□□□□□□讲度督工□□不惮，亦可嘉也。□□役休□□或有当记□□为说者，因援笔以书其概。若曰春□必葺之义□有望于来者云。宝祐丁巳季春中瀚□，奉议郎宜权发遣万州军州兼管内劝农事节制屯戍军马刘应达记。

　　宝祐丁巳年为宝祐五年（1257）。刘应达其人未见史载，此题刻亦未见他书收录。根据题刻内容看，刘应达在任期间对天生城进行了补修，修建了东门附近的城墙和角楼。

　　（4）吕师愈天生城题名

　　残缺较多，风化难识，文曰：

　　宋咸淳丙寅孟夏守臣安丰吕师愈创。

　　咸淳丙寅为咸淳二年，即1266年。

　　（5）咸淳年题名

　　笔者未见到实物，据前述蔡亚林文介绍，现已剥落不可读，文字如下：

天生城/

兼宪□郡守宁□定应总戍路钤滁□□/东□□驻路□□山夏/古通□□□□宕昌杨政□□察先统制古渝杨□□□/丙□□普□□□□□□□□/寻□□□□□□繁共□□□□□□□路□□□□□/□淳戊辰□夏吉日。

　　从内容看该题刻无具体事件，为题名性质。题刻中"□淳戊辰"为咸淳四年（1268）。

　　（6）《宣相杨公攻取万州之记》

　　圆首摩崖碑，高约240厘米，宽约200厘米，碑额居中篆刻"宣相杨公攻取万州之记"。碑额左右刻龙、凤，顶部装饰卷草纹图案。碑刻边框装饰卷草纹带，正文阴刻楷书，文字脱落较多（图十七）。嘉庆《四川通志》、乾隆《万县志》、同治增修《万县志》均载录全文，称《天生城石壁记》，但这些方志录文讹误较多。高文、高成刚的《四川历代碑刻》收录了拓片和并附有录文[①]，亦有较多疏漏。滕新才先后发表了《宋末万州天生城抗元保卫战》《〈天城石壁记〉的文献价值》两文[②]，文中都著录了题刻全文。后文不仅纠正了史志的错误，对自己的前文也做了修正，是目前

　　① 高文、高成刚：《四川历代碑刻》。该碑刻录文错误较多。
　　② 滕新才：《宋末万州天生城抗元保卫战》，《四川文物》1993年第1期；滕新才《〈天城石壁记〉的文献价值》，《三峡学刊》1998年第1期。前文刊发时将作者之姓"滕"误为"腾"。

最好的录文，但仍存在个别舛误。近年来碑刻剥落严重，部分文字无存，保存状况堪忧。从笔者查到的北京图书馆收藏早年拓本看，当时碑文十分完整，文字清晰可读，但碑面已隐现裂纹[1]。20世纪八九十年代高文的拓本中，碑刻已多处大面积起壳脱落并有了人为钻孔。现依据早年拓本并参考前人录文释读并标点如下：

宣相杨公攻取万州之记/

元朝造我区夏，丕冒海隅出日，宪述唐制，分道以理天下。昔/先皇帝躬履蜀道，利、夔以东，畀之/先侍郎肃翼郡公，地未悉平，将星示变，今/圣天子遂命我/宣抚使招讨都元帅、金吾上将军杨公继之。受任以来，尽瘁/国事[2]，誓挈舆图以报/君王。乙亥元正，不两旬而取开、达，越月而下洋川，附庸列寨，传檄而定，独夔以上，恃衣带水，未归职/方。万在江北，城号天生，昔昭烈上经蜀汉，下窥[3]三峡，于此乎插剑，盖荆蜀之要会也。公曰/："得万，则忠、夔可次第而下。"是岁乃亲董六师，不惮蕴隆秋，军于城下者五旬，遣檄谕旨，靡不/曲尽。郡将官夔[4]，怙险蕴奸，侮慢自贤。公曰："且置此子于度外，吾将有事于夔。"遂拔牛顶一/二寨而行。越明年夏，戎车再驾。远次于郊，不芟农工，不停人民，亦曰取之以力，不若服之以/德也。夔自谓：如此绝险，除是飞来！虽遣纳降之款，然阳从阴违，姑延旬月，欲老我师。/公于是愤然，建大将旗鼓，对垒于笔架峰前，严厉诸将，分任地面，三遘环攻。八月辛未，一鼓/而拔其外城，军民大窘。王师薄垒而营，视城内直可扪上蹦倒。我公不忍生灵涂炭，一再/遣檄原宥，冀其保活，官夔终迷不悟[5]。是月甲申，公是以益命佥开达安抚使监军杨应之贾/勇将士，用夜半自城南鱼贯而上。王旅如飞，一到即平。夔尚施困斗，自干阵戮，其余生灵一/无血刃。是役也，师能亦预被坚之列。翌日，公乃按辔徐行，登城抚定，建州牧，置县令，崇学校，完城郭，民乃集巴国之故居，沐/元朝之新化。曰："而今而后，吾等为太平民矣！"相与而歌曰："始时吾民，迫于势驱，昼守夜防，靡有宁居/；我公既来，谕我无辜，劳徕[6]还定，按堵自如。始时吾民，困于征役，无小无大，朝不谋夕；既见我公，念其艰食，解衣以赐，挽粟以给。万之卒徒，解甲欢呼；万之官士，见仪咸喜"。吁嗟！斯城/巉岩倚空，王旅如飞，系谁之功？问之诸将，归之我公。公曰："此州特予小试，夔峡悉平，端自/今始。"师能庸谬不才，误膺隆委，滥领州庞，目击盛美，讵敢默然？姑录其实，以俟太常之大纪。至/元拾叁年岁次丙子良月日，宣武将军本帅府管军总管、万州安抚使古岷王师能拜手勒石。

[1] 北京图书馆金石组编：《北京图书馆藏中国历代石刻拓本汇编》两宋八，第44册，中州古籍出版社，1989年，第71页。该拓本拓制时间不详，可能在民国时期。前之学者大概未看到此拓本，故释读多有舛误。

[2] 滕新才《〈天城石壁记〉的文献价值》漏"尽瘁国事"四字。

[3] 滕新才《〈天城石壁记〉的文献价值》误"窥"为"控"。

[4] 滕新才《〈天城石壁记〉的文献价值》于"官夔"前衍一"上"字。

[5] 滕新才作"悟"。

[6] 滕新才作"来"。

该碑与其他碑刻不同之处在于主事者为元方，所刻内容为杨文安攻取万州天生城的详细经过，刊刻时间为至元十三年（1276）。

图十七　天生城《宣相杨公攻取万州之记》照片及拓本

7.巫山天赐城

天赐城现存宋蒙战争相关题刻3幅。

（1）《癸亥二月题记》

该题刻位于大石碑碑文左侧，楷书，分两行排列，从右至左书写（图十八），内容为：

癸亥二月/壬申日书使府。

天赐城从景定三年（1262）开始修建，次年四月完工，由此可以确定此处之癸亥年为景定四年（1264），从天赐城小石碑（《大宁监创筑天赐城记》）内容看，景定四年二月天赐城正在修建之中，尚未完工，或许适逢有公文上报夔州安抚司，这幅题刻所载即上报公文之事。

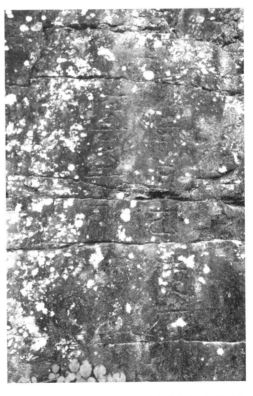

图十八　天赐城《癸亥二月题记》

（2）《大宁监创筑天赐城记》

俗名小石碑，刻于东门外一3米余高的石灰岩独石上。摩崖石碑尖顶，碑额雕刻双龙图案，篆额"大宁监创筑天赐城记"。碑文阴刻楷书，字迹清晰，绝大部分可以释读（图十九）。道光《夔州府志》、光绪《大宁县志》等方志录有全文，但有舛误，滕新才《南宋天赐城抗元遗址》一文有所纠正，不过仍有个别字释读欠妥。今依原石和前人记载重录全文、补阙文并标点如下：

大宁虽支郡，实夔、峡后户，金、洋要冲。自迩 年 虏常突至，生聚/日耗，为无城筑故也。壬戌仲秋，余来帅夔，奉 总 镇吕公命， 俾/就监择地兴筑一城，为保聚计。即相视形势，去 昔监 四十 里/得一山焉，名曰天赐，高险可守，具闻于朝，获 命下可。乃/计徒庸，虑材用，书糇粮，卜吉起筑，调京湖戍夔总管白思恭/部兵董役。知监事张宣乃宣使祥之子，挺有父风，晓畅军事，/奉命惟谨，相与戮力，共济其事。自景定三年十一月上瀚①兴/工，抵明年四月朔告成，周围计九百六十余丈，粉堞蠹空，楼/橹连云。官有廨，粮有廪，兵有营，战守之备，靡不悉周。商贾往/来，居民还定，耕屯日 辟， 跨 两冬而虏不敢窥，此兴筑之效也。/虽然，此城之筑，岂特为一郡计哉！藩篱谨固，可为金、房之障/蔽；气脉联络，可为夔、峡之声 援，殆天所以赐国家也，名不/偶得。继自今任郡守者，当思经始之难，而尽保守之力 ，一日/必 葺，克勤王事，尚②余创筑之本心也，其 懋敬 之！工费有籍，/不书。景定癸亥季冬吉日，左武大夫右屯卫大将军③、知夔州主管夔路安抚司公/事、节制本路屯戍军马、固始县开国男食邑三百户徐 记。文林郎中差大宁监判赵 孟櫍④篆/额书丹。 武功郎阁门宣赞舍人、权发遣 大宁监兼管劝农事、节制屯戍军马张 宣 奉命立石。

本碑刊刻时间为景定癸亥（景定四年，1263），碑文详细记载了天赐城创筑经过，其中还有创筑后效果、城内设施、筑城人员等信息，题刻信息丰富，保存完好，是一篇难得的筑城记。

---

① 滕新才作"浣"。

② 滕新才误"尚"为"体"。

③ 滕新才误为"右武大夫左屯卫大将军"。

④ 碑文中的文林郎中差大宁监判名，志书和滕新才均录为"赵孟柏"，单看此碑，字已漫漶不清，难以确认。幸而天赐城《大宁监教谕赵卯题记》（即大石碑）中也有该人名，且较清晰，为"赵孟櫍"。据查，宝祐四年（1256）文天祥榜四甲有名为赵孟櫍者，籍贯遂宁府，登科时年二十五（见佚名《宝祐四年登科录》四甲第271人，清道光二十九年至光绪十一年南海伍氏刻光绪十一年汇印粤雅堂丛书本）。以此推之，景定四年赵孟櫍年方32岁，时间、履历均与碑文相合，故应以"赵孟櫍"为是。

（3）《大宁监教授赵卯题记》

即俗称的"大石碑"。大石碑实际是山顶的一段断崖，高约3米，长约10米，崖壁表面光滑，适合刊刻。前文所述《癸亥二年残刻》即位于本刻之左。关于本题刻，滕新才等曾提及，但均未著录全文，方志亦失载。笔者根据题刻内容命名为《大宁监教授赵卯题记》。

题刻位于崖壁中部，幅面近方形，宽165厘米，高192厘米，碑文36列，每列40字左右，全文在千字以上。碑文剥蚀、风化、霉变严重，字迹模糊（图二十、图二十一），在不能拓片的情况下，经现场勉力释读，录全文如下：

府首□□生光/

大宋景定壬戌□□下□越（?）月乃（?）至□将□□之来山与民共守战胜功取厥（?）有/

自□□仲秋之月□又至人皆谓此虑再来（?）奸（?）谏叵测值（?）□□□靡不危之而/民□□将

复□故智□四面环合百许窥伺竟不得逞志于我战守□效□昔加歼（?）非/节智略游人□克尔耶

□□□□□□哉（敬?）□两京三都赋体以记其事词曰/调/主人者□□于岑寂之乡相期于泽漫

之游吟清风弄明月□溪光吞野色□载共饮山泉而矣/谈世故形怡神悦居无何□遽给至羽□□□□□夜

□震撼□□□□□鸿泽哀□□□□□□□/拾文书置几右（?）徐□客曰子亦闻言境有泰山塘□□愿

与子评之□□□□□也□归峡控开/达□□□其南□岭蔽其北□分野□翼轸在春秋为楚域□□乘所

载□□源之乐国□彗□并芒角亘/天□□□□……虫（？）吻牙（？）狐兔窜（？）以盘旋□痛
肆□及我无厌余奉命以司牧职守土而弗/吾（？）□□斯山此□□□□□□大□山川地裂峰嵝崔
嵬□屹巉峭双壁其（？）□峙蠹云霄若削连栈梯/□创自而意□□□□□□则汗流而□浃□□□间而
□□□门（？）□宝而为穴□夜鸣雷而□下匪俟贰师/之剑插其上则□□□□□□□□畴阴以终
□号怒风□鸣巅穷猿挂木而□吟惊鸟高塞而弗逮其下/则驶百尺之滩□千韧之渊触石排空如沸如煎
□□□□□鼇□谷响而山传（？）嗟来者之弗□辽□松/□日前彼向背□□□□壮险之足言□曰□
夫□/□主（？）之□则大矣其如谋□□□何夫择险非难设险为无设□非难用险为难故以险守人者
策之下以人/□□策之中以人为险者策之上也峻壁倚天观奇骇目伟□倚天飞泉迸玉□连蹋济则济矣
抱木蔽/□樵者颒肩利则利矣□不思所以守之之说呼厥吟耶悬□□□□□靡□金敖亡粒米兵□
可仗□/□可倚财用孰（？）此（？）糇粮□□孰为鸟号之弓孰为辛夷之□□□未晴其阜积器杖且
（？）闻其府（？）库（？）利□□报东门/之役谁以雪平之耻所□□是而搏蛟龙袒裼而暴虎儿
鲁人实郊遂而奋（？）宅于曲阜魏武美山河而见讥/□吴起□此观之成败不在乎□□□□人□□/□
嘻子笑吾之有险□忘备识吾之有备而不忘险乎且无备之□守国者食（？）以虚为实兵以弱为强财
/□□□赢□以□为良故□唱笔而量沙指麦以为粮有单□□□下马之拜有一夫而挫百万之径（？）哉
拊/□□□□感悦或遣谍求一袴（？）而彷徨折筹可以答匈奴之背□□□可以远抚楚之强在临机□□
岂袭/□□□□□州有得□势以□□势而亡布天册龟（？）□□□□而□详抑又有天下之壮忠信
甲胄礼义/□□□道□□□桓□志为主帅乞为卒伍任防意□□□而□以人心为金汤以人材为武
库以曲直为/□□以□□为胜负画（？）□□之界因出入诚敬之门户义□□霜壮立蠹也精忠□日立赤
帜也抗论薄云/□□□□□□□始常山势也真内方外八阵图也有死无[生]哉□□阵也静谧无□□□
伏也郭郭以心□莲（？）/□□□□□□□方□奇王□莫窥其倪穷之莫究其竟由□□□□造人不能求
□□秦与髡衍奚口□而/□□□□□左鞭弭右櫜鞬飞廉
前驱冯夷后舞（？）草木为兵□□□□□□厥民□□
山塘之上于时□□□□形从俯伏听命□□□功
校鞘者连敦（？）轨丑（？）□□扎者□公云澈澈
□□□□残凶咸信沙漠□洽/□□□□因累累而发辫马
□□群空振旅□□奏凯□逢枕□□南□南□□兹千古之
□俪而青史垂观于/□□□□也客乃瞿瞿然而惮惮然而
谢曰□□不知□请□□□□□教之□景定甲子季夏吉日
/武功郎宜差大宁监□教授赵卯谨撰/□□郎差大宁监判
□赵孟櫄篆额/武功郎阁门宣赞舍人宜改差权发遣大宁
监兼管劝农事节制屯戍军马张宣立石

图二十　现场释读大石碑碑文
（从左至右分别为罗洪彬、赵敏、蔡东洲）

　　本题刻由于先人缺乏著录，而今又漫漶不清，上文
的释读显然有不少臆断、错讹之处。即便如此，我们仍

图二十一 天赐城《大宁监教授赵卯题记》全貌及局部

能获得一些重要信息。

题刻刊刻时间为景定甲子年，即景定五年（1264）。内容为主客之间关于天赐城的一些讨论，客人认为天赐城有险无备，主人则反驳说天赐城不仅有险，而且有备，并提出了"以人心为金汤，人才为武库，以曲直为□□，以□□为胜负"的观点。题刻主体为仿左思《三都赋》赋文，以华丽辞藻描述了天赐城的战略地位和地形地貌，颂扬了天赐城修成之后"青史垂观"的功绩。落款中提到的赵孟櫘和张宣亦见于《大宁监创筑天赐城记》，可互为参证。

8.奉节白帝城

白帝城现存宋蒙战争期间题刻2幅。

（1）徐宗武锁江题刻之一

该题刻俗称《贾似道告示》，位于白帝城下，瞿塘峡口北岸江壁，水落则现，难以抵达（图二十二）。三峡大坝蓄水后，已长期淹没在水位线之下。题刻保存较好，高文[1]和白帝城博物馆均有录文，但高书存在疏漏和断句错误，白帝城录文无误，但断句似可商榷[2]。现根据拓本重新录文并标点如下：

帅守淮右徐宗武面奉开府两镇节[3]度京湖制置大使、四川宣抚大使吕公文德指授，凿洞、打舡、

---

[1] 高文、高成刚：《四川历代碑刻》，第217页。

[2] 白帝城博物馆：《白帝城历代碑刻选》，天津古籍出版社，2011年，第23页。

[3] 高文遗漏"造铁"二字。

1　　　　　　　　　2

图二十二　白帝城徐宗武锁江题刻之一① （1.高文拓本　2.白帝城拓本）

铸铁柱、造铁缆，锁瞿塘关，永为万万年古迹。景定癸亥季冬吉日记石。当朝大丞相贾公似道。

　　景定癸亥年为景定四年（1264）。

　　（2）徐宗武锁江题刻之二

　　题刻原位于长江北岸江壁，后切割搬迁至夔门古象馆前。幅面长宽各190厘米，字径约6厘米，阴刻，楷书。因长年流水冲刷，字迹已漫漶不清（图二十三）。该题刻未见前人著录，今释读并标点如下：

　　四川策应司申掾夔路徐安抚申照会：宗武□昨面奉指授于瞿塘关两岸凿/洞，打造铁缆、桥舡于中堆，铁柱两条，又于师子石凿缆一条，过照镜台后，急护民舡，除/已遵禀。一年有余，铁缆已成，桥舡、铁柱已□，石洞已□，本年十二月初六日系桥锁江，乃毕，/并将诸项兵舡就行，教仝将图本檄（？）申大使司，乞备申朝廷照会。造战舡、打铁索、凿/石洞，人工所费，约用过十人，界贰拾余万，即不曾申请朝廷、制司钱贯，并系策应司发/下钱赏及本司自行撙节计置。即与朝廷一躰，祈命□申小贴于□□，锁江桥练，战舡□前来/，应敬毕不言，欲望备申。朝廷札下，本司镌石以锁江，启后，任照年例，□搭如此贴（则？）方是，锁/峡为万万年古迹。右：本司仝将前项所由真本事，然并锁江，图一本□□，付乞照会申闻事，/□（照？），得以造桥锁江，一力甚钜。徐安抚不种（？）请而辨，可谓尽保障之职，又望来者之能，/继乞镌之石□（上？），亦为经久之

─────────────────

　　①　图片1采自高文、高成刚：《四川历代碑刻》，第217页；图片2采自白帝城博物馆：《白帝城历代碑刻选》，天津古籍出版社，2011年，第23页。两幅拓本拓制时间虽然相差不长，两者之间的差别还是较为明显，图1中每个字都较清晰，图2中已有不少字迹、笔画变得模糊。如图1中的"贾公"后隐约可见"似道"二字，图2中已完全无法辨认。

虑，告□□为备见忠□（悫？），但设险在□（人？），有□有机，/□□□（已？）札□□□应大使司既（？）应外。/□□□右札□□□安抚副司常□□□护□□一申庶使成。/□□□规划□□□久□□□□□/□□（景？）定□（四？）年□□（二月？）□□日。/□（皇？）宋景定癸亥，帅守淮右徐宗武面奉/开府两镇节度京湖制置大使四川宣抚使吕公文德指授，凿洞、打矼、铸铁柱、造铁缆，锁瞿塘关，永为万万年古迹。具申/朝廷，□奉/权□□札□指挥□记于石。景定甲子仲春□□日/谨□。/当朝大丞相贾公似道。

　　题刻分为两部分，前一部分是四川策应司接到夔州路安抚司完成锁江的申文后拟报制置大使司的公文，后半部是纪锁江事的纪功性内容。根据题刻内容推断，徐宗武在景定四年（1263），完成了锁江任务，并于当年向朝廷报备，次年将申照会公文内容和事情经过一并镌刻于崖壁。

图二十三　白帝城徐宗武锁江题刻之二：全貌及局部

二、题刻分类

　　上述现存碑刻按载体形式而言，可分摩崖题刻、城门题刻两类。

（一）摩崖题刻

　　摩崖题刻较为常见，共22幅。宋蒙山城中崖壁俯拾皆是，多为砂岩，软硬适中，适合雕镌。可细分为两类：一类是大面积的自然崖壁，此种情况占多数，一类为规模适中的独石，此种情况较少，见于凌霄城和天赐城。刊刻时，将崖壁整平，凿出刻字的幅面，有的还凿出碑形和花边，如青居城《重修东岩记》、天生城《宣相杨公攻取万州之记》、天赐城《大宁监创筑天赐城记》等。这些题刻虽凿于崖壁，但有半圆形或尖顶碑额，碑额上雕刻卷草纹和动物纹装饰，个别还有篆额，俨然是放置于崖壁上的石碑。

摩崖题刻因主事者个人原因或岩石本身条件，规模差异颇大。龙岩城《苟世雄创筑龙岩城记》最大，宽480厘米，高340厘米，幅面达16.32平方米，其次为运山城《宝祐纪功碑》，宽375厘米，高270厘米，幅面也达10.13平方米。而小宁城《张实创筑小宁城记》就明显偏小，仅1平方米左右，苟王寨《吕桂重修苟王寨记》也仅1.1平方米。

就内容而言，这类摩崖题刻多为修城记，包括创建、重修、补筑等。内容主要有三方面：一是筑城背景，二是筑城经过，三是筑城组织、参与人员。除筑城题记外，也有少量其他内容题刻。天赐城的《大宁监教授赵卯题刻》记录主客之间的对话，是一篇文学作品。白帝城的《徐宗武锁江题刻之一》载录的是徐宗武锁江事宜，天赐城的《癸亥二月题记》和《徐宗武锁江题刻之二》又是呈报公文的记录。

摩崖题刻一般位于主要城门附近，地处交通要道，将筑城题记刻于此处有利于颂扬守城将士功绩，激励官兵士气。如运山城的《宝祐纪功碑》规模巨大，字里行间豪气洋溢，位于最重要的城门——东门内侧。龙岩城的《苟世雄筑龙岩记》规模为诸城之冠，字号硕大，笔力刚劲，位于唯一的城门之外。

为保护题刻免受日晒雨淋，有的题刻上部有突出的自然岩棚，或加建有人工雨棚。虽然雨棚已经不存，但架设雨棚用的桩孔还有存留，如天生城《宣相杨公攻取万州之记》和天赐城《大宁监创筑天赐城记》。但也有相当部分题刻仅仅依靠开凿出的内凹面提供保护，甚至有的题刻无任何保护措施，如天生城的另外几幅题刻。正因为不少摩崖题刻保护措施不足，日晒、雨淋、风化、霉变、起壳、植被等自然原因对其造成了很大影响，大多数题刻保存现状令人担忧。

摩崖题刻因为多有筑城抗蒙之言，内容里往往有对敌人的蔑称或谴责，因此在城陷以后遭到了敌方的蓄意破坏。如钓鱼城的《王坚纪功碑》《土地岩题刻》以及三台城的《阳立创筑三台城记》等。

（二）城门题刻

城门题刻指在城门券心石上刊刻的题刻，见于云顶城、小宁城、苦竹隘、多功城、大刀砦，共8幅。由于刊刻范围有限，所以内容比较简单，仅刻写时间和筑城者官衔和姓名。为节省幅面，多数将字写得非常宽扁，如云顶城、小宁城、多功城等。不过也有例外，苦竹隘的字长宽比例适中，字距正常，整体感觉端庄大气。大刀砦题刻字径较小，字距较远，呈现疏落有致的美感。有的城门题刻主体部分占据中间，题名等次要部分则位于旁侧，显得主次分明。主体部分上下两端装饰莲花等图案，或有模仿柱、表、幢之类题记之意。

城门题刻置于城门券心石上，便于观瞻。同时可遮风避雨，有利于长期保存，我们今天还能在城门上见到这类题记就得益于此。

三、题刻价值

上述题刻现存文字总数约5千，内容丰富，价值明显，主要体现在文献和考古两个方面，同时具备书法和文学价值。

（一）文献价值

《宣相杨公攻取万州之记》《大宁监创筑天赐城记》《茆世雄修筑龙岩城记》《宝祐纪功碑》等题刻内容较丰富，历史文献价值突出。

滕新才《〈天城石壁记〉的文献价值》一文详细论述了《宣相杨公攻取万州之记》对正史的补充价值，如战斗过程、陷落时间等可以充实和纠正史乘的不足[①]。笔者进而认为，上官夔、杨文安、王师能等人的生平、形象亦可由此题刻得到更加丰满而清晰的认识。如题刻中末尾杨文安所说"此州特予小试，夔峡悉平，端自今始"一句霸气无比，其志得意满、挥斥方遒的名将形象跃然石上。

滕新才、李林奇《南宋天赐城抗元遗址》一文对《大宁监创筑天赐城记》进行了详细考证，否定了方志中记载天赐城创建者为廉康的传统说法，丰富了徐宗武、张宣等人资料，从而肯定了其文献价值[②]。笔者通过释读天赐城的大小石碑，确认了题刻中"赵孟櫙"的身份，也是对史阙的补充。

唐冶泽《重庆南川龙岩城摩崖碑抗蒙史事考》一文根据题刻考证了龙岩城修筑和抗蒙的具体史实，而这些都是现有史料中没有记载或记载不详的，有的则可与史载相互印证，茆世雄和史切举等筑城者的姓名和事迹也可补史缺。刘储煦之名亦见于《平梁新城题名》，时为壕寨，八年后修筑龙岩城时已升为路钤。唐冶泽还指出，该碑明确记载城名"龙嵒"（龙岩），而不是后世所称的"龙崖"，有正名之功[③]。

综上，这些题刻提供了较为详细的修城、守城等信息，可弥补、充实文献记载，也可与文献记载互证，甚至纠正文献的错误，有重要的文献价值。

（二）考古价值

碑刻的考古价值体现在：题刻中城防及其他设施的名称、位置、形态、数量等信息可以为考古工作提供指导性意见。

由《刘应达增筑天生城记》可知天生城有东门、中馆亭等建筑，两者在一条线上，并应有一定的距离。刘应达还修建了"堡"和"圆楼"设施，堡可能是外城，"圆楼"很可能是角楼。《宣相杨公攻取万州之记》里提供的信息至少有：天生城有外城，杨文安攻下天生城后，在城内设置了州、县机构，建立了学校，并且还完善了城郭。上述碑刻中提及的设施都可能留下遗迹，需要在考古工作中加以关注。

---

① 滕新才：《〈天城石壁记〉的文献价值》，《三峡学刊》1998年第1期。
② 滕新才、李林齐：《南宋天赐城抗元遗址》，《文史杂志》2002年第2期。
③ 唐冶泽：《重庆南川龙岩城摩崖碑抗蒙史事考》，《四川文物》2010年第3期。

《宝祐纪功碑》显示，宝祐年间，张大悦对运山城东门一带进行了改建，有凿崖通道、修建重门、扩大面积，增修楼橹等行为。另一幅题刻——《杨大渊创筑运山城记》实物虽然已经不存，但文献中有录文，文中提道：

于是拓公宇，建丽谯，区别民居，分画市井，增筑城壁，凿开四水池。自东至南门，西至北门，宏创敌楼，辅以更楼凡五十余座。明年，筑大蓬坎之基，三敌楼雄架其上。又明年，改辟东门，悬峭千尺，环城壮势具矣。载念文事当修，亟起郡学、立孔殿，寺观、神祠咸鼎新之①。

由此可见，杨大渊修建创建运山城时修建了衙署、谯楼、民居、市场等设施，水池4个，后来又增加了郡学、孔殿，寺观和神祠也得到了维修，城墙上有敌楼3座、更楼50余座。《宝祐纪功碑》显示，宝祐年间，张大悦对运山城东门一带进行了改建，有凿崖通道、修建重门、扩大面积、增修楼橹等行为。上述两幅题刻中的信息很好地指导了笔者对运山城的调查，调查结果也在一定程度上印证了题刻的内容。

白帝城徐宗武的两则题记都明确提到了凿洞、造船、铁柱、铁链之事，而今船和铁链已失，铁柱尚存，在调查中可以根据题刻中提到的"中堆""师子石""照镜台"之名寻找相应锁江遗存。

《大宁监创筑天赐城记》内容也很丰富，文中提到天赐城周长九百六十余丈，墙上有雉堞、楼橹，城内有官廨、粮廪、兵营、民居等设施。

从上面的梳理可以看出，不论是运山城、天生城还是天赐城，其构成要素都不仅仅是城防设施，而是包括行政、文教、宗教、商业等在内的综合性城池。城防设施主要包括城墙、城门，城墙附属设施有雉堞、敌楼、楼橹、圆楼等。相关设施如衙署、学校、祠观、民居、市场、池塘等等。上述设施都可能留下遗迹，成为考古工作重点关注的对象。结合历史文献记载，我们认为，这应当是宋军山城的基本配置，所以在山城遗址考古中，我们有必要关注上述各构成因素，究明其分布和相互关系，厘清城池格局。

（三）其他价值

除文献价值和考古价值以外，上述题刻还具有书法和文学价值。题刻所使用的字体有篆书、楷书和行书三种，以楷书为主，篆书只用于书写碑额，行书仅见于青居城《重修东岩记》。楷书的书法价值最为突出，主要体现在两个方面：第一，题刻的书法水平高。综观所有题刻，整体水平较高，尤其是天赐城《大宁监创筑天赐城记》和《大宁监教授赵卯题记》、龙岩城《茆世雄修筑龙岩城记》、苦竹隘《段元鉴筑城题记》几幅尤为突出。天赐城的两幅题刻篆额书丹者都是赵孟櫄。其人除在登科录上留下姓名外，未见有文献提及书法成就。这两幅题刻正文都是楷书。布局疏朗有致，结体方正，笔画干净利落，笔力劲健。整体上有南碑之风，显得端严有力，既严谨又有变化，

---

① 正德《蓬州志》卷7《古迹志》，明正德十三年（1518）刻本。

体现了其深厚的书法功底。《茆世雄修筑龙岩城记》则是另外一个风格。纵横排列整齐，双线阴刻，深受柳体影响，配合文字内容，卓然挺立，恢弘大气。苦竹隘卷洞门题刻单线阴刻，楷体，结体端庄，点画精到。第二，题刻风格多样。其他虽然书法水平不一定高，但也各具特色，如云顶城、小宁城城门题刻的绵密、大刀砦城门题刻的疏朗，各自呈现出不同的风采，但又同时具宋代风格，是宋代总体风格下结合自身情形"尚意"创作的结果，真实反映了宋代书风，丰富了宋代书法的内容，因而也具有一定的书法价值。

值得注意的是，天赐城《大宁监教授赵卯题记》主体内容为文学作品，作者自称是仿左思《三都赋》而作。文中描述天赐城的形势时所用"山川地裂，峰嵝崔嵬""千轫之渊，触石排空，如沸如煎""峻壁倚天，观奇骇目"等语极尽夸张，气势如虹。全文虽然残断较多，文字释读也颇多臆断，但其大段铺陈、用语华丽的特点仍清晰可见，确实有《三都赋》之感。如有机会给世人呈现准确的全文，其文学价值将更加凸显。其余题刻虽然并非文学作品，但也不乏精彩之笔，如《宣相杨公攻取万州之记》对整个战斗过程的介绍，对上官夔、杨文安的描述，语言精练，形象鲜明。其后文所附巴人之歌与《华阳国志·巴志》中所录部分汉代及以前的巴人歌谣在句式上相同，均四字一句，多使用对偶、反复等修辞手法，反映了巴文化的历史传承。

附表　仅见于文献记载的宋蒙战争相关题刻一览

序号	山城	题刻名	时代	内容（题刻录文用楷体）	备注
1	得汉城	张实创筑得汉城记	淳祐九年（1249）	宋淳祐乙酉季冬，大使余学士亲临得汉城山，视其形势，授都督制张寔躬率将士，因险垒形，储粮建邑，为恢复旧疆之规。分任责者：总管王昌、金之福，铃路张虎臣，司整杜准、王安、杜时顺、徐斯、李成、刘文德、刘清、梁福、陈宝、贺上进、李崇，制领郭俊、杜臣、周仙周等。督饷共济者：吉州知郡向佺。	曹学佺《蜀中广记》卷25
2	运山城	杨大渊创筑运山城记	淳祐十一年（1251）	淳祐五年乙巳三月，奉大阃来守蓬。越明年夏，拜宸命特该维兹山城，制置大使尚书余公躬履相视，经始创建。大渊视事之初，慨郡治弗称。于是拓公宇，建丽谯，区别民居，分画市井，增筑城壁，凿开四水池。自东至南门，西至北门，宏创敌楼，辅以更楼凡五十余座。明年，筑大蓬坎之基，三敌楼雄架其上。又明年，改辟东门，悬峭千尺，环城壮势具矣。载念文事当修，亟起郡学、立孔殿，寺观、神祠	正德《蓬州志》卷7（录文最后一句录自光绪《蓬州志》卷15）；有的文献又称"移治碑"

续表：

序号	山城	题刻名	时代	内容（题刻录文用楷体）	备注
				咸鼎新之。是役也，皆本郡人上下一力，毫发靡劳于民，期无负任使责成之意。因纪颠末，以诏无穷□。淳祐十一年辛亥，利州东路马步军副总管知蓬州军州兼管内劝农营田事节制屯戍军马兼制□杨大渊书。	
3	礼义城	知郡都统练使将军胡公全城却敌之记	开庆元年（1259）	同治《渠县志》载：额题"知郡都统练使将军胡公全城却敌之记"，碑字体约五分，共五十余行，行五六十字，合计不下数千言，惜字迹磨灭，间有数字隐约可辨，不可句读。现存9块残片，碑阳文字完全磨灭，碑阴《礼义城图》还比较清晰。	同治《渠县志》卷47；《四川渠县礼义城遗址调查简报》《四川渠县南宋〈礼义城图〉的拼合与考释》（均载《四川文物》2020年第1期）
4	平梁城	平梁新城题名	淳祐十一年（1251）	大宋淳祐十一年，都统制忠州刺史环卫张□大使余龙学指授规划，率诸军创平梁山城，山名取抚平梁州之义。城则坐据要地，壁立万仞，天人助顺，汉中在掌握矣。正月九日兴工，三月既望毕事，路钤张大悦、贾文英、司登、雍昌嗣、杜时顺、罗全、王安，州钤刘成，路分刘文德、张德、李成、戎进，路将梁福、刘青、陈宝、曹贵、王孝忠、张达，伏道坤、何荣、薛大信、李珍、宋明、廖友兴、孙庆、李崇，制领安邦瑞、崔世荣、郭□、张□，拨发王成，壕寨刘储然①，皆分职任事者也。纪地名，纪岁月，庶知此城为兴复之基云。	《金石苑》

---

① 与龙岩城《茆世雄补筑龙岩城记》中的刘储然应为同一人。

序号	山城	题刻名	时代	内容（题刻录文用楷体）	备注
5		忠州贡院碑		据曹学佺所记，明代时此碑与咸淳府碑、金鱼堡碑均存于皇华洲。近期皇华城衙署遗址前发掘出的三通残碑或为此三碑。	曹学佺《蜀中广记》卷19引《碑目》①
6	皇华城	《金鱼堡记》		《金鱼堡记》出皇华州古碑，失名。 子不语怪力乱神，而凤鸟河图之叹犹不能免；《春秋》《纪异》不书祥，而西狩获麟之笔或未之忘，何则？天之降祥，圣人盖不忍没其实。且嗜欲将至，有开必先；瑞不虚生，因人而致。昔贤盖有获鳣鱼而升显官，睹白鹿而陟华途；印龟晤左顾之祥，石鹊启侯封之瑞，天机感召不可诬也。 方云中常侯之守皇华也，下车未几，时和岁稔，簿书狱讼之暇省视城壁，度量地势。凡当出战入守之地必欲事事周密，一无废弛。昔之欠缺者补而足之，始之卑隘者累而大之。身先士卒，靡惮劳疲。躬厉工役，不辞寒暑。夙兴夜寐，略无暇时。刘越石之枕戈，陶士行之运甓，曾是过。又病东门以西雉堞不耸，女墙之内地步稍虚。万一敌攻吾瑕，惧莫能敌。议欲改图为万全计，适筑填西、定远两堡未遑也。越明年，仍岁丰穰，侯乃经营。朝天门之上建一大堡，使外势斗绝，足以壮窥阚之谋；内势砥平，足以严矢石之备。规模甫定，堡未得名，会夏季朔日，治石之工忽来告曰：属有破石，雾气冲天，隐出双鱼，黄色光润，长不盈尺而鳞鬣悉具，合郡趋观，莫不惊诧。若吏若民，作为歌诗，以赞盛美。咸谓金鱼呈祥，非特显剌史鱼符之兆，抑祥开创堡之地天意盖有在也。是堡落成，请以金鱼命之。侯曰不然，鱼化为龙，乡士轩蕣之祥也；牧人梦鱼，岁事丰穰之应也，于余何有？但岁丰民乐，诚为上瑞，堡以是名，不亦华乎？吏民复进曰：人材速化，皆贤侯教育之勤；年谷顺成，乃时政和平之验。体有关系，谁实尸？况祥瑞之来，难虚其应。命名之意，不但彰贤侯之德，	《全蜀艺文志》卷40；《蜀中广记》记作者为安元白，《蜀藻优胜集》卷3《蜀藻优胜录》记为安原白；《蜀藻优胜录》亦录有全文，与《全蜀艺文志》有个别字句差异

① 与龙岩城《茆世雄补筑龙岩城记》中的刘储然应为同一人。

续表：

序号	山城	题刻名	时代	内容（题刻录文用楷体）	备注
				而皇华形势之地，亦与有千载无疆之休也。何以逊为？侯曰诺。于是金鱼堡之名始定。 窃尝思之，世之人发一诚心，则李广之石可使为虎；生一疑心，则乐令之弓亦能为蛇。此无他，诚与不诚之判也。今侯孤忠许国，善政宜民，光辉发越，感此嘉瑞，其诚开金石。信及豚鱼，治状班班，盖可考矣。然侯谦冲退托，不有其有，此非吻合于范史所谓抑而不当之意乎？大郡千里之地而为之长，丛州邑之众而为之牧，爱养至诚，寓于实政，此真斯民非常之瑞乎！余尝读黄山谷《新昌瑞芝亭记》，有曰：使民田亩有禾黍，则不必芝草生阶庭；伏腊有鸡豚，则不必灵凤在郊薮。又曰：黠吏不舞文，不必虎渡于河；里胥不追扰，不必蝗不入境。山谷非讳言祥瑞也，盖谓政平讼理，民安其业，则祥瑞开端之地于是乎在。吁！人知金鱼之为瑞，而不知实政感通之为瑞，知实政感通之为瑞，而不知一州之民得太守之为真瑞也，可不刻诸坚珉以传不朽，使百世之下闻其风者尚有考焉。	
7		升忠州为咸淳府碑		敕门下：皇天眷付有家，敢怠继承之敬，乾元首出庶物，聿怀潜跃之初。念圣考之贻谋，择价藩而锡履。严陵龙水之镇，受节斋坛；永嘉忠南之封，分茅主社。眷言屏翰之重，允协讴歌之归。汉舆地之上图，若规先宪；周旧邦之新命，并锡府名。以壮万年之观，亦尚一人之庆。其改升温州为瑞安府，严州为建德府，宣州为庆远府，忠州为咸淳府。咸淳元年八月二十九日午时，急速。	曹学佺《蜀中广记》卷19
8	绍庆府城	上官氏创筑绍庆府城记	咸淳八年（1272）	皇宋咸淳壬申六月吉日武功左庶子□□武尉□□绍庆府管辖□□□岘山上官创建。	同治《增修酉阳直隶州总志》卷3
9	龙岩城	史切举创筑马脑城记	宝祐六年（1256）	宝祐四年，上有旨筑南郡四城。南平守史切举奉梱令城马脑山，四月丁卯而栽，至六年戊寅而毕。	嘉庆《四川通志》卷58

中 外 田 野 学 术 交 流

南川与龚滩河考察记

[英]爱德华·哈珀·帕克著，孙琳、马剑译

译者简介

孙琳，重庆人文科技学院马克思主义学院讲师，主要研究中国近现代史。

马剑，西南大学历史文化学院、历史地理研究所教授。

译者按：爱德华·哈珀·帕克（Edward Harper Parker，1849—1926），中文名庄延龄。1849年生于英国利物浦，1869年作为翻译学员前往英国驻华公使馆工作，其后在天津、汉口、上海等地的领事馆供职，1895年回国，先后在数所大学任中文教授。他撰写了大量有关中国历史、文化、语言等方面的论著，与翟理斯（Herbert Allen Giles，1845—1935）同为当时最有影响的英国汉学家。1880—1881年间，他在重庆担任代理领事，四处游历，足迹遍及四川盆地及黔北一带，对各地自然环境和人文面貌记载颇为详实。此间游记由香港的《中国评论》（*The China Review*）陆续刊发，香港的《德臣西报》（*The China Mail*）于1891年汇编而成《溯江而上》（*Up the Yang-tse*）一书，本文即译自其中的《南川与龚滩河》一节，述其从重庆府巴县木洞经南川至贵州印江县境，再由乌江返回的行程。

木洞（Mu-tung）（布莱基斯顿写作Hu-tung）是大江右岸的一个大市镇，就位于大江下行，折而向东北流的转弯之处。和川东地区几乎所有沿江城镇一样，冬季的木洞高踞于江岸之上。根据气压表测量，它比重庆的最高处低300英尺左右。木洞被认为是巴县（Pa District）第一大场（即"市镇"之意），有巡检（Sub-district Deputy Magistrate）驻于此地。从某种意义上可将其视为南川县

（Nan-ch'uan District）的码头，因为溯江而上运货到重庆的帆船在这里卸下托运的棉花，从而不仅能省下由綦江和佛头河（K'i-kiang and Fu-t'ou rivers）上溯至南川的费用，还可以节省多走90里至重庆的运费。南川出产上等茶叶（就四川而言），也从这里运往长寿（Ch'ang-shou）及其他邻近城镇。同时，这里还有些官府的大盐栈和不少生意兴隆的油坊。所有这些行业使得这个场镇比一般的乡村市场更显重要。大盐栈、茶叶、棉花、油坊及其他店铺都位于场镇东部，与货场和码头相距半英里。从场镇后面的山顶上眺望，大江美景一览无余，江流转了两个弯，木洞就位于南端。涪州（Fu Chou）至重庆的大路从场镇中穿过，由此陆行，两天可至涪州，一天可至重庆。尽管重庆与涪州间相距400余里，但夏季江水涨发之时，顺流而下仅需一天即可抵达。不过，若是溯江而上，大小不同的船只则要四到六天时间，当然，船只越大，耗时越久。

通往南川的道路穿过这个场镇的沿江码头和商业区，经过5里外的上涧铺（San-chia P'u）之后，转而向东南方至距木洞13里的岩口（Ngai K'ou）。爬上一条高达900英尺的山岭后，又陡然下行至梅子沟（Mei-tsz Kou）。这个山谷的谷底就在梅子沟下不远处，海拔与木洞相当。途中，我们遇到众多运送松香（或称"松玉"）的汉子，此物价格在城乡间从每斤40文到80文不等。其看似蜂蜡，我猜测主要用来黏合棺材。一名脚夫说，自己的主人是当地知县，其姨妈于最近去世，他熔化了多达80斤这种松香，涂抹于她的棺材内侧。这名苦力还说，他们所运送的松香来自礚头滩（Ke-t'ou T'an），我后来打听到，其地在通往南川的道路以东。我们还遇到无数运送沉重的柏木（抑或是杉木）和松木棺材板的苦力。其在这些地区的价格不足为据，因为搬运数里就会使价格急涨四倍。不过，一块厚重的棺材板——也就是一幅棺材的一面——的平均售价在乡村为两块银元①（dollar），在城里则高达三四两银子。

正是从这里开始，所经乡村看起来就要比重庆至綦江途中贫穷一些。大部分可灌溉的土地，以及不为竹林和松林覆盖而层层垦辟的坡地，都种上了水稻，加以粪肥和雨水的浸润，在阳光下显得绿油油的，呈现出一派赏心悦目的迷人景致，散发着一股沁人心脾的清香。稻田和其他耕地间的垄埂上种着蚕豆、豌豆、油菜和罂粟，其长势全都不如我们一个月前在西面一带所见到的作物。不过，就本地区的水稻种植情况略加记述也未尝不可。

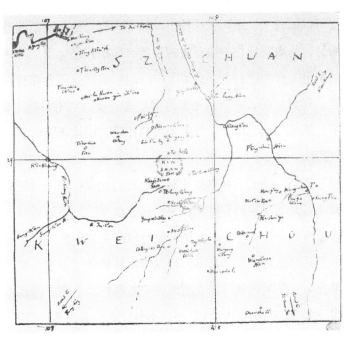

作者所绘草图

---

① 此处的"元"应是指"鹰洋"而言。——译者

在四川，大家几乎都不用"亩"（中国的土地单位）。通常的说法是有多少石谷子（每亩三四百斤）。例如，说某人家有千石田，也就表示他的土地一个秋天的稻谷收成价值约3000两银子，而按作物收成比例另外收取的房租尚未计算在内。如前面所提及的一片濒江临河的土地价值约40000两，而如果距河百里之遥，价值就减半，因为除了水源供应外，还必须考虑运送粪肥和将谷子运到市场的费用。交给地主1000石后，佃户可能还有400石留归自己。不过，这取决于农户交存于地主手中的押租（即押金）数额。这样的一块田，押租平均为4000两。在四川，虽然土地的收益一般不超过每年7%，但现银的收益却通常高达每年12%—15%。交租的惯例是"七月田，八月租"，也就是说佃户必须在农历七月续租稻田，在八月续租旱地。佃户只要如期交租，就不会被驱赶，地主和佃户双方的权利都可以传给其后代。贫瘠一些的稻田冬季无法种植罂粟，需要进行休养管理。在农历八月份，用犁翻耕稻田，即抄田。搁置一段时间，待阳光和雨露使其腐熟后，九月份，便将水放入田里。十月和十一月，需要定期犁田、耙地。十二月和来年正月，重复犁耙，土块便疏松平整。下一步就要准备一小块田地来培养水稻秧苗，其方法是，只留大约1英寸深的水，将多余的都放掉，田坎用泥敷好。二月份，给田里施撒粪肥和石灰，再撒播种子（当然是未脱壳的）。收成一石稻谷大约需要一夸脱①稻种，换言之，（在四川）三斤稻种可以收获三百斤稻谷。接着，就插上稻草人，并派人看守10天左右，以防鸟儿啄食。播种后一周之内如果有三四个晴天，幼苗就会在一个星期或十天内长出来。如果连续两周都阴雨绵绵，种子就会沤烂，必须在另一块田里重新播种培育。20天后，幼苗长到5英寸高，就可以向育秧田内引灌两三英寸深的水。如果周边没有河流，就收集雨水，贮存在高处的堰塘里。往休耕地里灌入大约1英寸深的水，再犁耙一遍，就可以插秧了，把两三株秧苗并插在一起。这是在清明节后，也就是春分之后三个星期。值得一提的是，每次要抓住一撮移栽的秧苗，连根拔起。下一步则要将每撮两三株秧苗中腐烂的外围秧苗摁到土里（作为肥料），只留下中间的壮苗。这需要在移栽后第三个星期左右完成。四五月份时，也就是移栽后40天左右，还要再重复这一步。六七月份，即移栽秧苗后大约100天，就可以收割水稻了。如果田地肥沃，三月份采割鸦片后，田地无需休耕，但要立即引水灌田，犁耙一次之后，便可以插秧。

我们一路上看到许多油桐，比我们此前任何一天见到的都要多，很多都刚开始开花。随处可见繁花盛开的樱桃树和桃树，黄葛树也很常见，各处皆有，独自伫立，高大粗壮。另外有一种树，长着长而光滑的大叶子，农民形象地称其为"牛舌兰"。还有一种叫作"子秋"（Tsz-ch'iu）的树，由于我对植物学知之甚少，难以辨识其品种。不过，我留意到一种开白花的树，当地人称之为"七里香"，其名很像广东人所说的"九里香"。脚夫搬运木材的方式很独特。迎面而来时，看上去就像一串会走路的巨大"V"字，不禁让人想起伦敦街头身前身后挂着广告牌的"夹心人"（sandwich men）。"V"字的交汇点在前方，搬运板材者一边肩膀扛一块。歇脚时，只需让"V"字立起来，把尖头放在地上。脚夫用这种方式能搬运四到六块松木"楼板"——我已经在别处说明过这种板材

---

① 1夸脱约相当于1.14升。——译者

的尺寸。另有一些苦力搬运着大大小小的长柄木勺，我起初还以为是南方常见的用半个葫芦做成的那种勺子，但后来才发现，它们都是用松木挖制而成，大小不同，价格也从40到90文不等。

至双碑（Swan-pei-'rh），又高于梅子沟下的山谷900英尺，两村之间相距8里。道路总体上仍然是往东南方而去，这让我深感诧异，因为按照地图来看，南川与綦江相距甚近。在这里我注意到，有几头猪的蹄子上穿着草鞋，就如同曾经在綦江山区见到的水牛和猪所穿的那样。人们所穿的最好的草鞋是用麻编的。

在重庆，夏布的交易规模相当庞大。这种布是用苎麻纤维织成的。四川各地遍种苎麻，产量巨大，但主要产于涪州一带及龚滩河流域，其次则是扬子江上游更远处的遂宁县和嘉定府。村庄里农舍近旁的小块土地上也往往会栽种一些，这种油性土壤构成的土层过于肥沃，各种虫子容易泛滥成灾，不适合种植谷类作物。春天播下苎麻种子，但不需要每年都播撒。所要做的就是，每年砍割或扯断茎干之后，用牛粪将根茬埋起来。第一茬最好（"头麻"），大约在年底收割。第二茬在农历三月份，第三茬在六七月份。据说，扯断茎干比砍断好。不过，这种方法又慢又麻烦，较大的种植户都不这样采收。将外层的麻皮用"麻刀"剥下来，麻秆（称为"骨"）则铺开晒干，去除"水气"。这时的麻叫作"青麻"，以区别于完全加工好的"白麻"。随后，将麻筋浸泡在水里，使其内层的皮脱解。接着，用刀"理"制纤维，再用加了苏打或碱的水冲洗。再次晒干之后，便交给女工"梳""绩"。此后，就用这些纤维"纺线""织布"，著名的夏布的就是这样织成的。大多数坯布都要在"作坊"里"漂"白。不过，如果数量不多，村民也会自己进行这道工序。视天气状况，漂白耗时二十天到两个月不等，因为大多数工作必须在流动溪水旁露天进行，布料还要反复地浸湿、晒干。主要的麻布作坊是在江津、隆昌和荣昌三县。尚未织成布的麻线的价格为每斤（16盎司）80至90文钱，而上等麻线的零售价为每盎司8至9文钱。夏布有粗、细两种，每匹有48尺或24尺（中国单位）。大匹细布售价2至3两银子，粗布则卖1至1.5两。当然，小匹就只值一半左右。夏布主要销往北京，或走水路，或走陆路，换而言之，一部分经陕西，一部分经沙市和樊城。重庆有一家规模庞大的北京商号，专门从事这项生意。其经营方式是，重庆的批发商在头一年就预付一部分货款给江津和隆昌的中间商，后者再根据收到的订单通知村民进行生产。重庆的夏布业有一个"行"（同业公会），也控制着苎麻业，据说，仅夏布一项的年交易额就超过20万两银子。

也有一定数量的"湖麻"（即湖南的苎麻）输入四川，用于制作鞋底。不过，由于植株矮小，在这里进行加工处理十分麻烦。但湖南却出产一种质量上佳的夏布，价格是四川本地夏布的两倍。

未经加工的"青麻"被成卷运往汉口和广州，当地称之为"圆麻"。苎麻可以长到4英尺高，茎秆粗约四分之三英寸。

还有一种更粗的麻称为"火麻"，可以长到10英尺以上，茎秆粗达两英寸。获取其纤维的方式与苎麻几乎一样，所不同的是，割除茎秆后，根茬就被犁起，用来当柴烧。这种麻线的价格与纤细而易断的那种麻线差不多，用它编成的绳子售价每斤120文左右。溯江而上时，船夫们告诉我说，篷索（类似于马尼拉绳）的价格为每斤200至300文。

第三种麻叫"桐麻"，其树高达10余英尺，果实很像油桐子，有4个果瓣，每瓣含有种子若干。其麻线的价格为每斤40至50文，可用来制作粗实的捆扎绳。由于这种绳子几乎总是混杂了下面最后一种麻，故而其价格并不比尚未搓合的麻线贵。据说，这种麻大部分都产自川西的雅州。

最便宜最粗的麻线取自"竹麻"。先将粗竹竿烤软，再按所需长度切断。接着刮去表皮，内层的"筋"即是纤维，将其剖出、洗净。苦力所穿的最经用的"草"鞋就是用这种材料编成的，也可以用来编最粗实的绳索，其价格为每斤20至30文。全川各地均有栽种。获取这种纤维的竹子叫作"慈竹"，卫三畏（Williams）描述说"这是一种丛生竹"。

此时，川东的日照非常强烈，这里的冬季虽然整体上比广州都要暖和些，但日照时长却还不如阴沉沉的伦敦。我在轿子里的背阴处挂了一只温度计，透过纱帘，空气畅通，显示温度为70华氏度。当天晚间，下降至45度，这已相当于重庆冬季的最低温度——除了极少见的时候之外。

峰门（Feng-men-'rh）距木洞40里，海拔高出后者990英尺，是一个繁荣的场镇。从这里继续前行，向南120里便是葫芦关（Hu-lu Kwan），其间道路蜿蜒穿过一片片平淡无奇的山间稻田，山上的杉树、松树、柏树和竹子零落稀疏。从峰门行30里，道路右侧有一座烧制杯盘碗碟的窑。这些粗糙的器物是用附近山上称为"泡砂石"（即松软的砂石）的白色土石烧制而成。将土石像稻米一样用叫作"碓"的器具春捣，或依靠人工，或借助水力。接着加水、过滤，再将所得的软泥敷抹到一种类似于烧制瓦片所用的模具上，随后就放进窑里烧制。普通饭碗在当地的售价为每副（即10个碗组成的一套）20文，相当于每个碗1生丁。继续前行10里便到天赐店，与木洞相去80里，被视为往南川途中的第一程。在此地，我实在"荣幸"，睡在了三面分别被粪土、泡菜房和制碱作坊所包围的房间里。制碱要先将稻草放进土灶里焚烧，再把灰烬放入一个大桶。倒入开水，浸透之后，再拔掉桶底的塞子，把水放出来。其后，将碱液倒在两口平底铁锅里，放在土灶上熬煮，水分蒸发之后，碱就吸粘在锅上。

离开天赐店之后，道路便向正南方直抵葫芦关的山麓。从天赐店前行10里，就会穿过一个标明是巴县东界的木牌坊。我们现在已经身处南川地界。我们超过了一些运送棉布和盐的苦力，不过，汇集于木洞的盐大部分都供周边村庄食用，而供给南川的盐则主要通过綦江运过去。一路上有许多造纸作坊。我们在其中一处看到，所用的水是用细竹筒从对面山上较高处跨越沟涧引过来的。最粗糙的褐色纸被称为"纸垢"（chih k'ou），但其与质量较好的"草纸"一样，也是用竹子造的，只不过捶打得并不充分。从天赐店到白沙井有20里，到白沙场有21里，至分水岭是30里，至八角桥是40里，至田家桥有45里。尽管起先30英里所经之处地形支离破碎，甚不规整，但并不觉得道路崎岖。我们已经可以看到不少茶树，比我曾经所见的要高出许多（尽管我见过的也并不多），有些甚至高达20英尺。清明节后，大约四月中旬，"阳雀"（又叫"贵谷阳"。是不是杜鹃鸟？）啼鸣之时，便开始采摘茶叶。中国人说这种鸟儿难得一见，事实上，他们说不见其踪影。据他们所说，这种鸟的大小与鸽子差不多。茶园周围的土坎上还种了许多桑树。

这样的景色平淡无奇，向南顺溪而行的道路和缓平坦，似乎没有尽头，就在我对此心生厌倦之时，我们突然向东转了个急弯，开始攀爬陡坡。我们尚未弄明白将通往何处，就已经爬了480英尺，来到山岭上海拔2180英尺的村庄葫芦关。上山途中，我们穿行于无数小花、蕨类植物和荆棘之间，我想，它们定会让植物学家大开眼界。砂石山坡上长着许多"蕨鸡"，是一种可以食用的蕨类植物。中国人把sandstone叫作"砂石"，是对我们所用词汇的准确直译。他们也将砂石分为黄、白、灰三种。我在这里头一次看见开白花的豌豆，有人告诉我，这是"菜豆"，是扁豆的一种，也可用来制作蜜饯。

有一种树茎干长而疏松，颜色淡红，顶端生叶，叶片厚实，似有淡红色绒毛，叫作"毛桐子"，据称入药可治癫痫。还听说树皮可用来制作绳索。人们说，有种"断肠草"开小白花，马儿吃了会中毒。还有一种叫"黄泡"，是带刺的灌木或草类，花朵如同雏菊一般。我觉得，这肯定是一种野生山莓。在葫芦关吃完午饭后，我们沿着东偏东南的道路前行，穿过了几片风景如画的松树林。走了20里，便来到观音桥，这是一个大场镇，正逢赶集，还没有散场。

出了观音桥，道路更偏而向东，15里至金家桥，穿过村子，仍然向东而行，顺着坡爬上山，气压表显示所在之处高于木洞1800英尺。回头一望，我们才发现，原来自己正站在一条马蹄形山峦的上端，刚才途经的山谷为两山所环抱，形态如同无水的尼亚加拉大瀑布一般。再前行不远，西面一带视野开阔，还能看到250里开外的天台寺和圣灯山——记述綦江之行时曾提到过。因此，毫无疑问，一些地图上标绘的南川的位置真可谓是大错特错。直至此地，景色都平淡无奇：杉树稀疏的山峦环绕着一垄垄的稻田，没完没了。诸多树种之中，樱桃树似乎是最常见的树种之一。有一种叫作"甑子树"，我不认识，其叶片呈卵形。我还看到一些"模子树"，希望可以尽快查出其学名[①]。我们还遇到许多运送生漆和炭黑的脚夫。前者取自"漆树"，而后者则来自"桐玉"（或称"烟脂"），可以制墨。时常可以遇到一些挑夫，一副担子就挑着相当于5块银元（dollar）的铜钱。在该地区，钱往往比所能买到的东西还要重。道路转而向南，至牌坊，这是距南川25里的一个破旧驿站。其后数里的道路上下起伏，我们随之来到山间垭口来游关（比我们早晨所在的最高处低600英尺），由此陡直而下，便抵达南川坝子。这块河谷并不大，直径约4英里，四周群山环绕。我们已经可以看见东南方的城池了。在最后几里的路途中，我们遇到一些苦力挑着槐子（售价为每斤50至60文），其可以用来染制素净的颜色。我们还赶超了另外一些苦力，他们运送的是来自沙市和湖北其他地方的土布。20斤布捆成一包，价值10块银元，一包一包摞起来，有个人背了4包。我们还在一个地方见识了当地土布的部分生产过程。当时，一个男人正从固定在弧形机架的线轴上绷紧经线（king）。大部分农户都在用看起来很笨拙的八边形纺轮纺线。洋布的优点仅仅在于便宜、整洁、白净，而土布的质量似乎比它好得多。在这里，我看到有桂花树和海棠子（是不是日本海棠？）。还有一种叫作映山红的灌木（是不是杜鹃花？），我将其记录于此，希望将来能把它辨识出来。在南川河谷的半路上，我们经过一座兼作寺庙的别致的接官亭，就坐落于河中的孤岛上。此河发源于南面30里左右的群山之间，蜿蜒而下，在距南川180里、距涪州60里的蔺市汇入大江。由此显而易见，南川城在某些地图上的位置虽说不上荒谬，但也是相当不确。小岛近旁有一座漂亮的单孔石拱桥，跨度达60英尺，气势磅礴。这座桥至少宽20英尺，与周围的阡陌小路和农屋村舍相比，如同庞

---

① 模子。其果实形似皂荚；带刺。据说，其木材可以制造弹棉花用的木弓。

然大物一般。该桥名为龙济桥①。

在石桥和城池之间，有几架巨大的灌溉机具，可能是我在中国所见历史最为悠久、设计最为精妙的设施。其形状就像巨人的轮子，有的直径可达30至40英尺，但建造容易。它的板叶是用席垫制成，受水力冲击便能驱动。每对板叶在水轮"胎面"（可以这样比喻）的两侧斜对着活动，其间有一根一头闭一头开的竹筒。每根竹筒转下来后，开口的一头舀上水，出水之后，竹筒的安放方式可以使其中的水不会流出来。当然，水轮转过半圈，竹筒的姿态就会颠倒，一个个依次到达轮周的上端，水也就从筒里倾泻而出。此外，还要搭建架子，在上面铺设竹槽来接水。竹槽两端再以另外两根与其呈直角而略为倾斜的竹筒或长管相承接，将水输送到高处的田地里。我依稀记得，曾经在大沽盐场看到过类似的机具，只不过那里的轮子是靠风帆来驱动的。在我入住的客栈里，气压表显示为73.2厘米，而当我从重庆出发时，其数值为75.5厘米，可见，南川比重庆高750英尺左右，海拔达到1550英尺。需要补充一点，我所用的无液气压表是法国样式，1毫米表示10米的变化。

南川河谷中种植了大片罂粟，至于其他作物，则以小麦为首。从木洞而来，我在途中很少看到这两种作物，即便在这个河谷里，它们的长势也较差。与巴县相比，南川县明显土地贫瘠、百姓穷困。在众多贫穷的迹象中，我留意到，虽然几处道路经过大力改造，但整体疏于修治，路况非常糟糕，而我们所经的几座桥，状况一般的都很少。地图上标绘的河流完全是想当然的，因为我们全程连一条小河沟都没有跨过就到了南川。

除了成都之外，四川其他城池都极其狭小，而南川更是个不起眼的小城。重庆是该省第二大城市，无论人口还是面积，显然还不到广州的五分之一。南川主要的外销货物是茶，但只销往合州、涪州、重庆以及周边部分城镇，在省外并不为人所知。城里售卖优质的无烟块煤，价格为9文钱10斤，合每吨4先令2便士。往木洞方向，这种煤似乎不会被运到比观音桥及其周边村庄更远的地方。田赋额征2000两左右，但还有2000两的"津贴"和杂课，一年总计高达9000两。木洞和綦江是富顺平锅盐的集散地，每年行销南川90引，相当于900000斤。南川城内及城郊人口不超过1万，而全县也仅有10万人左右。官盐行销是以每人每天至少3钱（也就是每年7斤）来计算，因此，行销量和人口数十分吻合。南川县有60多个"场份"（即村市），各自只能吸引方圆30里（10英里）内的乡民，由此可见其无关紧要，南川城每月赶场9次，城内市场的辐射范围也不过如此。沿路立有众多德政碑，称颂作为"父母官"的知县的功绩，此人来自海南，是位宽厚的老者，任职已超过10年。南川百姓好奇心重，但并不冲动易怒，与其重庆同乡相比，他们似乎没有那么多疑和狡黠。由于下雨，我在城中滞留了一天。

---

① 亦作"龙见桥"或"龙现桥"。——译者

—— 《中国人文田野》改版征稿启事 ——

《中国人文田野》由西南大学历史地理研究所主办，创刊于2007年底，截至2022年初，已出版10辑，刊载了一大批具有影响力的人文社会科学田野考察成果，成为相关研究领域重要的学术交流平台，不仅得到学术界的认可，也具有较高的社会知名度。

为进一步推动田野考察与学术研究的融合，反映最新研究动态，促进学科交叉和学者交流，丰富《中国人文田野》的内容，凝聚辑刊特色，提高质量，增强可读性和影响力，自2022年下半年起，《中国人文田野》将进行全新改版，每年出版两辑。刊物内容更充实，文章形式更多样，学科领域更多元，除一如既往地发表田野考察报告之外，同时亦刊发涉及历史学、地理学、考古学、人类学、社会学、民族学等学科的有关专题研究论文。

一、本刊常设田野考察报告、田野学术论文、田野理论与方法、田野教学、中外田野交流、田野与文献、田野与图像、学者风采、田野动态、书评书讯等栏目，也不定期设立主题栏目，刊发专题稿件。

二、欢迎主题鲜明、考察深入、内容充实、观点明确、有创见的学术稿件，也欢迎融会理性思考和感性表达的学术散文。稿件篇幅在3万字以内，重大选题亦可适当放宽。

三、请使用电子邮箱投稿。稿件使用word排版，宋体字，1.5倍行距。标题、节、小节、正文分别使用加粗的三号、小三、四号、小四号字。插图置于相应段落之后，并标注图名，依次纵向排列，无需并排。所有插图及作者照片另用文件夹单独打包，与稿件一同发送。稿件注释统一采用脚注，每页重新编号，注释规范可参考《历史研究》，或访问http：//rwty.swu.edu.cn/renwentianye下载《关于引文注释的规定》。

四、来稿应遵守法律法规和学术规范，禁止剽窃、抄袭等学术不端行为。

五、稿件请注明作者真实姓名、工作单位、研究领域、职称、联系电话、地址、邮政编码、电子邮箱等。文章发表后，即付薄酬，并寄赠当期刊物两册。

投稿电子邮箱：zgrwty@swu.edu.cn

《中国人文田野》编辑部

图书在版编目（CIP）数据

中国人文田野.第十一辑/西南大学历史地理研究所
编. -- 成都：巴蜀书社，2023.6
　ISBN 978-7-5531-2003-4

Ⅰ.①中… Ⅱ.①西… Ⅲ.①历史地理—考察—中国
—文集 Ⅳ.①K928.6-53

中国国家版本馆CIP数据核字（2023）第091103号

中国人文田野 · 第十一辑
ZHONGGUO RENWEN TIANYE

西南大学历史地理研究所　编

责任编辑　　陈　礼
封面设计　　崔建军
出　　版　　巴蜀书社
　　　　　　成都市锦江区三色路238号新华之星A座36层　邮编：610023
　　　　　　总编室电话：（028）86361843
网　　址　　www.bsbook.com
发　　行　　巴蜀书社
　　　　　　发行科电话：（028）86361852
经　　销　　新华书店
照　　排　　四川胜翔数码印务设计有限公司
印　　刷　　成都蜀通印务有限责任公司
版　　次　　2023年6月第1版
印　　次　　2023年6月第1次印刷
成品尺寸　　210mm×285mm
印　　张　　13
字　　数　　350千
书　　号　　ISBN 978-7-5531-2003-4
定　　价　　65.00元